Lieblings- plätze

LAHNTAL

Lieblingsplätze
LAHNTAL

GMEINER

ANDREA REIDT

In memoriam
Hermann Reidt (1916–1993)
und Ursula Reidt, geborene Stönner (1934–2019)

Autor und Verlag haben alle Informationen geprüft. Gleichwohl wissen wir, dass sich Gegebenheiten im Verlauf der Zeit ändern, daher erfolgen alle Angaben ohne Gewähr. Sollten Sie Feedback haben, bitte schreiben Sie uns! Über Ihre Rückmeldung zum Buch freuen sich Autor und Verlag: lieblingsplaetze@gmeiner-verlag.de

Sofern nicht im Folgenden gelistet, stammen alle Bilder von Andrea Reidt: Bildarchiv Foto Marburg/VG Bild-Kunst, Bonn 2015 10; Katharina Zürcher Schartenhof Eckelshausen 24; Bildarchiv Foto Marburg/mit freundl. Genehm. von Brigitte Ubbelohde-Doering und der Otto-Ubbelohde-Stiftung 30; Minox 90; Leica Camera AG 100; Walter Klein, Düsseldorf/Städtische Sammlungen Wetzlar 106; Museum Nassau-Oranien/Museums- und Geschichtsverein für Diez und Umgebung e. V. 158; A. Gössel/Corpus Vitrearum Deutschland/LWL-Museum für Kunst und Kultur (Westfälisches Landesmuseum) Münster 172; Andrea Reidt/mit freundl. Genehm. der Staatsbad Bad Ems GmbH 174

Besuchen Sie uns im Internet:
www.gmeiner-verlag.de

1., überarbeitete Neuauflage 2020
© 2016 – Gmeiner-Verlag GmbH
Im Ehnried 5, 88605 Meßkirch
Telefon 0 75 75 / 20 95-0
info@gmeiner-verlag.de
Alle Rechte vorbehalten

Lektorat/Redaktion: Ricarda Dück
Herstellung: Julia Franze
Bildbearbeitung/Umschlaggestaltung: Benjamin Arnold
unter Verwendung der Illustrationen von © SimpLine – stock.adobe.com; © Sylwia Nowik – stock.adobe.com; © lapencia – stock.adobe.com; © yurkaimmortal – stock.adobe.com; © ratkom – stock.adobe.com; © SG- design – stock.adobe.com; © OpenClipart-Vectors – pixabay.com; © Benjamin Arnold; © Katrin Lahmer
Kartendesign: © Maps4News.com/HERE
Druck: AZ Druck und Datentechnik GmbH, Kempten
Printed in Germany
ISBN 978-3-8392-978-3-8392-2620-9

Vorwort • Entlang der Lahn
Goethe, Grimm und Grips — 12

OBERES LAHNTAL

1. **Netphen** • Lahnquelle bei Lahnhof im Rothaargebirge
Lahntopf am Lahnhof beim Lahnkopf — 17
2. **Bad Laasphe** • Stadt im Wittgensteiner Land
Wo Siedler den Wald rodeten — 19
3. **Biedenkopf** • Perfstausee im Lahn-Dill-Bergland
Hinterland ist Hochwasserland — 21
4. **Biedenkopf** • Stadt im Hinterland
Feste feiern beim Grenzwandern — 23
5. **Biedenkopf** • Schartenhof Eckelshausen
Wo die Puppen tanzen — 25
6. **Biedenkopf** • Auf dem Lahntalradweg ab Wallau
Von Kirchlein zu Kirchlein — 27
7. **Lahntal** • Die Lahn bei Kernbach
Sauberhafte Lahn, sumpfige Talauen — 29
8. **Lahntal** • Otto-Ubbelohde-Haus in Goßfelden
Frau in weiß, sommergelbe Felder — 31
9. **Ebsdorfergrund** • Dörfer und Backhäuser im Marburger Land
Von Rabenfrauchen — 33

MARBURG AN DER LAHN

10. **Marburg** • Elisabeth-Relief am Historischen Rathaus
Anwältin der Armen — 37
11. **Marburg** • Elisabethkirche
Hysterie um Heilige — 39
12. **Marburg** • Sophie-Skulptur am Marktplatz
Der Mann mit den drei Hoden — 41
13. **Marburg** • Landgrafenschloss
Burg mit Thronsaal — 43
14. **Marburg** • Christian-Skulptur an der Wasserscheide
»Die kleine, krumme Stadt« — 45
15. **Marburg** • Fachwerk am oberen Markt
Wo Haus an Haus sich lehnt — 47

16	**Marburg** • Südviertel und Weidenhausen	
	Marburg ist ein Dorf	49
17	**Marburg** • Alte Universität	
	Außer Scherben nichts gewesen	51
18	**Marburg** • Grimm-dich-Pfad und Haus der Romantik	
	Wolf, Wackersteine, Wunderhorn	53
19	**Marburg** • Mausoleum von Emil von Behring	
	Der »Retter der Kinder«	55
20	**Marburg** • Alter und Neuer Botanischer Garten	
	Grüne Lunge für Campus Firmanei	57
21	**Marburg** • Museum für Kunst und Kulturgeschichte	
	Kulturmeile im Biegenviertel	59

GIESSEN UND GIESSENER LAND

22	**Wettenberg** • Gleiberg, Dünsberg, Vetzberg	
	Wo einst die Kelten siedelten	63
23	**Rabenau** • Auf Rilkes Spuren im Lumdatal	
	»Und der Phlox steht hoch«	65
24	**Lollar** • Schloss und Hofgut Friedelhausen	
	Tudorgotik an der Lahn	69
25	**Lollar** • Schmelz-Mühle im Salzbödetal	
	Wo Mühlbäche rauschen	71
26	**Staufenberg** • Burg und altes Dorf	
	»Dieser Sommer kommt nie zurück«	73
27	**Gießen** • Oberhessisches Museum	
	Oberhessen lebt in den Museen weiter	77
28	**Gießen** • Georg-Büchner-Büste am Kanzleiberg	
	Rebellen unter sich	79
29	**Gießen** • Stadttheater	
	Der Bürger Musentempel	81
30	**Gießen** • Liebig-Museum	
	Der das Backpulver erfand	83
31	**Gießen** • Alter Friedhof und Botanischer Garten	
	Grüne City	85
32	**Gießen** • Die Lahntalbahn Richtung Koblenz	
	Per Dampfbahn durchs Lahntal	87

33	**Heuchelheim** • Badeseen im Gießener Land	
	Wassersport in Hessens Mitte	89
34	**Heuchelheim** • Kameramuseum	
	Die Spionagekamera Minox	91
35	**Lahnau** • Römisches Forum Waldgirmes	
	Germanisches Rom im Lahntal	93

WETZLAR UND SOLMS–BRAUNFELSER LAND

36	**Wetzlar** • Lahnpark Naturraum Lahnauen	
	Durch die Lahnauen spazieren	97
37	**Wetzlar** • Stadt- und Industriemuseum	
	Fachwerk und Industrie vereint	99
38	**Wetzlar** • Leica-Erlebniswelt im Leitz-Park	
	Kultkamera Leica	101
39	**Wetzlar** • Dom und Domplatz	
	Wo der Pikenier wacht	103
40	**Wetzlar** • Reichskammergericht	
	Wie der Wohlstand zurückkam	105
41	**Wetzlar** • Palais Papius	
	Das sparsame Fräulein Doktor	107
42	**Wetzlar** • Lottehaus	
	Das Leiden des jungen Goethe	109
43	**Wetzlar** • Jerusalemhaus	
	Wahre Lotte, echter Jerusalem	111
44	**Wetzlar** • Wohnhaus August Bebels in der Brodschirm	
	Wo der »Arbeiterkaiser« lebte	113
45	**Solms** • Kloster Altenberg und Grube Fortuna in Oberbiel	
	Den Drachen bezwingen	115
46	**Braunfels** • Schloss Braunfels	
	Hessens Neuschwanstein	117

VON WEILBURG BIS LIMBURG

47	**Weilburg** • Auf der Lahn nach Limburg	
	Stille Tage am Fluss	121
48	**Weilburg** • Schlossanlage Weilburg	
	Barocke Kleinresidenz	123

49	**Weilburg** • Schlossgarten und Schaugarten	
	Terrassen über Terrassen 👪	125
50	**Weilburg** • Jüdischer und Alter Friedhof	
	Verblüht, verlassen, vergessen	127
51	**Weilburg** • Wildpark Tiergarten Weilburg bei Hirschhausen	
	Wo Auerochsen grasen 👪	129
52	**Kubach** • Kristallhöhle	
	Indien suchen, Amerika entdecken 👪	131
53	**Villmar** • Naturdenkmal Unica-Bruch	
	Lahnmarmor im Empire State Building	133
54	**Runkel** • Burg Runkel und Burg Schadeck	
	Die Drei-Burgen-Stadt	135
55	**Runkel** • Mit dem Motorboot ab Steeden zum Rhein	
	Wenn der Schleusenwärter schleust	139
56	**Limburg** • Auf dem Pilgerweg Lahn-Camino	
	Pilgerreise zu Jakobus	141
57	**Limburg** • Alte Lahnbrücke und Brückentorturm	
	Freibrief für Reichtum	143
58	**Limburg** • Rundgang durch die Altstadt	
	Laut, Quirlig, beliebt	145
59	**Limburg** • Fachwerkhäuser in der Altstadt	
	Von Säckern und Edelsäckern	147
60	**Limburg** • Domberg mit Bischofsresidenz und Diözesanmuseum	
	Der Mantel des Schweigens	151
61	**Limburg** • Georgsdom	
	Die Kathedrale des Konrad Kurzbold	153

IM NASSAUER LAND

62	**Diez** • Grafenschloss und Stiftskirche	
	Oranje auf Frisos Spuren	157
63	**Diez** • Barockschloss Oranienstein	
	Ein Château des Dames	159
64	**Diez** • Alte Grafschaft Nassauer Land bei Diez	
	Zeiten von Krieg, Pest und Raub	161
65	**Balduinstein** • Lahnhöhenweg nach Obernhof	
	Goethes Taschenmesser 👪	163

66	**Obernhof** • Weinlagen Goetheberg und Giebelhöll	
	Lahnwein von lieblich bis trocken	165
67	**Obernhof** • Kloster Arnstein	
	Läuterung eines Raubritters	167
68	**Nassau** • Nassauer Rathaus und Burg Nassau	
	Walram, Otto und Johanns Söhne	169
69	**Frücht** • Grabkapelle und Freiherr-vom-Stein-Pfad	
	Der Nassauer Staatserneuerer 💡	171
70	**Dausenau** • Sankt Kastorkirche	
	Apostel Petrus kopfüber	173
71	**Bad Ems** • Kursaalgebäude und einstiges Fürstliches Badehaus	
	»Und unten immer der Fluss«	175
72	**Bad Ems** • Russische Kirche und Kaiserarchitektur	
	Nobel ging die Welt zu Wasser	177
73	**Bad Ems** • Emser Therme	
	Kurender König kommt als Kaiser zurück 👨‍👧	179
74	**Bad Ems** • Lahnschifffahrt zum Rhein	
	Wehre, Zölle, Treidelpfade 👨‍👧	181
75	**Pohl** • Freilichtmuseum Limeskastell	
	Eine Römische Grenzmauer 👨‍👧	183
76	**Lahnstein** • Bergbaurundgänge rund um die alte Grube Friedrichssegen	
	Kein »Glückauf« mehr! 👨‍👧	185
77	**Lahnstein** • Burg Lahneck	
	Wo die Lahn in den Rhein strömt	187
	Quellenverzeichnis	190

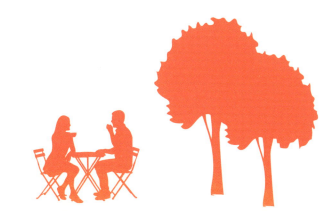

Der Expressive Realist Franz Frank (1897–1986) malte dieses Ölbild 1950; es stellt die alte Lahnbrücke in Goßfelden dar.

GOETHE, GRIMM UND GRIPS
Entlang der Lahn

Das Lahntal zählt zu den schönsten Nebentälern des Rheins. Und das nicht nur wegen seiner Naturschönheiten, den dichten und doch lichten Laub- und Nadelwäldern, den naturbelassenen Auen, den Pfaden und Höhenwegen, den sonnenverwöhnten Weinbergen (ja!), dem sanft mäandernden Fluss, den rauschenden Staustufen. Beschauliche Dörfer, quirlige Fachwerkstädte säumen die Ufer. Wie viele Adelssitze es im Lahntal gibt! An Ufern und Hängen, auf Felsnasen thronen mehr als 300 Ruinen und prächtig erhaltene Wehrbauten, Ringwälle, Wacht- und Hexentürme, Stadtmauern, mittelalterliche und historistische Ritterburgen, Renaissance- und Barockschlösser, sogar ein englisches Tudorschloss. Die Marburger Elisabethkirche als erstes gotisches Gotteshaus östlich des Rheins, der majestätische Limburger Dom, der unvollendete Wetzlarer Dom, stolze Kloster-, gepflegte Dorfkirchen – sie alle tragen zum architektonischen Reichtum des Lahntals bei.

Das Lahntal befindet sich in direkter Nachbarschaft zu den Welterbe-Stätten Oberes Mittelrheintal und Nationalpark Kellerwald-Edersee. Die Lahn schlängelt sich vom 612 Meter hohen Ederkopf im Rothaargebirge auf 245 Kilometern in zahllosen Schleifen talabwärts, bei einem Gefälle von 567 Metern. Unterhalb der Burg Lahneck zwischen Nieder- und Oberlahnstein schließlich mündet sie in den Rhein. Der lückenlos von der Quelle zum Rhein verlaufende Lahntalradweg zählt zu den beliebtesten Flussradstrecken Deutschlands. Der Lahnwanderweg, im südlichen Verlauf identisch mit dem mal durch Taunus, mal durch Westerwald verlaufenden Lahnhöhenweg, lockt von Jahr zu Jahr mehr Wanderer und sogar Pilger an.

Stille und Entschleunigung finden Paddler bei gemäßigter Strömung auf dem Wasser. Kanuten, Radler und Camper vergöttern den verträumten, schönsten Flussabschnitt von Weilburg nach Runkel und Limburg. Sportbootfahrer kommen ab Steeden auf Touren. Alle profitieren sie davon, dass die Berufsschifffahrt auf der Lahn 1981 eingestellt wurde. Manche Wehre sind mittelalterliche Steinkonstruktionen, wurden vor 1.000 Jahren als Mühlenwehre gebaut und erfüllen immer noch ihre Funktion. Wo sonst gibt es noch so viele handbetriebene Schleusen, ein Dutzend davon mit Service durch Schleusenwärter? Und in Weilburg durchquert man den einzigen Schifffahrtstunnel Deutschlands. Das Schienennetz der Bahn verläuft parallel zum Fluss; es ist leicht, in Etappen zu wandern, zu rollen, zu gleiten.

Einst mussten Fuhrleute ihre Wagen durch so manche Flussfurt manövrieren. Inzwischen gibt es genug Brücken aus Holz, Stein, Stahl, Beton; wie viele weiß niemand genau. Es dürften mindestens 150 Übergänge sein: Schwimmende Ponton-Sommerbrücke in Wetzlar, eleganter Stahlseil-Steg in Gießen, wuchtige Balken-Eisenbahnbrücke in Lahnstein, 80-Millionen-Euro-Autobahnbrücke bei Limburg in spektakulärer Höhe. Nicht zu vergessen die ältesten Lahnbrücken: Wetzlar, Limburg, Weidenhausen in Marburg.

Wir befinden uns in einer geschichtsträchtigen Region, in der Kelten, Römer, Alemannen, Franken siedelten. Die Wurzeln des niederländischen Königshauses und der luxemburgischen Großherzöge reichen ins Lahntal. Die Nassauer Adelsfamilien, die Mainzer Erzbischöfe, die Landgrafen von Thüringen und Hessen rivalisierten um Territorien und vermehrten ihren Besitz durch geschickte Heiratspolitik. Im 19. und 20. Jahrhundert entdeckten Künstler, Literaten und Heimatforscher das Lahntal, verewigten es in Landschaftsgemälden, Poesie und Märchen über freche Froschkönige, traurige Mädchen in Rapunzeltürmen, gierige Wölfe und Liebesleid. In Wirklichkeit lebten im Lahntal allerhand Fantasten und Visionäre mit verrückten und sensationellen Ideen. Und wenn sie nicht alle schon gestorben wären, so lebten sie noch heute.

OBERES LAHNTAL

1

Lahnquelle
Startpunkt Wanderung:
Forsthaus Lahnquelle
Lahnhof 1
57250 Netphen

Organisierte Touren ab der Lahnquelle:
Velociped
Alte Kasseler Straße 43
35039 Marburg
06421 886890
www.velociped.de

LAHNTOPF AM LAHNHOF BEIM LAHNKOPF
Lahnquelle bei Lahnhof im Rothaargebirge

Ich glaub, ich träume. Bin ich wieder im Allgäu, in dieser herrlichen hügeligen Voralpenlandschaft? Das Rothaargebirge. Die Wanderroute Rothaarsteig verbindet Brilon im Sauerland mit Dillenburg im südlichen Lahn-Dill-Bergland. Auf dem Rothaarkamm verläuft die Wasserscheide zwischen Rhein und Weser; die Haincher Höhe bei Netphen wiederum scheidet Lahn und Sieg. Denn die Quellen der Lahn, Sieg und Eder sickern hier im Abstand von wenigen Kilometern ans Tageslicht und streben voneinander fort.

Die Lahn »entspringt« eigentlich nicht, sondern bildet im Untergrund des kleinen Naturschutzgebiets Auerhahnwald Rinnsale, die sich zu einem runden Tümpel hochschaffen, dem Lahntopf in Lahnhof auf 607 Metern Höhe, Start oder Station mehrerer Wanderwege. Spaziert man im Hochsommer um den von einer giftgrünen Algenschicht bedeckten Quellteich, aus dem Aststücke ragen, rührt sich da kein Wässerchen; er wirkt wie ein Land-Art-Werk von Kurt Fleckenstein. Etwas weiter verbindet eine Viehbrücke zwei Kuhweiden, damit das Bächlein unter ihr geschont wird – unsere Lahn, da ist sie, nackt und armselig.

So wie äußere Anregungen den Charakter eines Menschen sein Leben lang beeinflussen, formt der Einfluss anderer Gewässer die Lahn. Ilse heißt eine ihrer ersten Freundinnen, in Heiligenborn steigt sie aus dem Boden, schon in Feudingen vereint sie sich mit ihr. Die Lahn nimmt während ihrer Reise durch sechs Landkreise in drei Bundesländern 104 Bäche und Flüsse in sich auf, bevor sie sich nach 245 Kilometern selbst als fünftgrößter Nebenstrom in den Rhein ergießt. Ihr längster Nebenfluss, die knapp 60 Kilometer lange Ohm, gesellt sich ihr bei Cölbe zu, gefolgt von Dill, Aar und Weil. Das kürzeste namentlich bekannte Wasser, das sich der Lahn anschließt, ist der 1,2 Kilometer messende Untere Ansbach im Kreis Limburg-Weilburg.

Sehr gut ausgeschildert sind der Lahntalradweg und der Lahnwanderweg mit Start in Lahnhof und Ende in Lahnstein am Rhein.

2

Altstadt Bad Laasphe
Rund um den Kirchplatz
57334 Bad Laasphe

TKS Tourismus, Kur und Stadtentwicklung Bad Laasphe
Wilhelmsplatz 3
57334 Bad Laasphe
02752 898
www.tourismus-badlaasphe.de

WO SIEDLER DEN WALD RODETEN
Stadt im Wittgensteiner Land

Bad Laasphe im südlichen Wittgensteiner Land überwand die Hürden zur Zertifizierung als *Kneipp Premium-Class*, von diesen Bädern gibt es in Deutschland nur wenige. Spaziert man durch die hervorragend erhaltene Altstadt, wird einem klar, wie bedeutsam Stadtmarketing ist. Wie in anderen Kleinstädten auch stehen zahlreiche Geschäftsflächen leer und so mancher Laden leistet sich mangels Kundschaft eine Mittagspause von zwei Stunden. Die Stadtoberen kaschierten diese Not vorbildlich mit Tugend und statteten gähnende Schaufenster mit Tafeln und Objekten zu Sehenswürdigkeiten aus. 19 Bronzetafeln an historisch bemerkenswerten Gebäuden geben Erläuterungen.

Die Kirche von 1230 ist der älteste erhaltene Bau Bad Laasphes, der behelmte Turm 500 Jahre jünger; er wirkt, als habe ein Riese ihm einen Hut übergestülpt. Laasphes Sohn Johannes Bonemilch kam zu einem Nachruhm, den er vermutlich als Makel ansehen würde: Als Weihbischof des hessischen und thüringischen Erzbistums Mainz weihte er 1507 Martin Luther im Erfurter Dom zum Priester. Bonemilch starb 1510, noch vor Luthers reformatorischer Wandlung.

Bad Laasphe hat 16.000 Einwohner in 24 Ortschaften, in der Kernstadt leben 6.000 Menschen. Im waldumschlossenen Weiler Heiligenborn im Rothaargebirge unweit der Lahnquelle, im Winter gelegentlich eingeschneit, stehen noch fünf Häuser, darunter die ehemalige Schule, und es gibt einen alten Friedhof. Bis Ende der 1960er-Jahre wanderten die Kinder des Dorfes Sohl gut drei Kilometer nach Heiligenborn zum Unterricht. Sohl hat heute 35 Einwohner. Heiligenborn ist eines der um 1700 von den Grafen Wittgenstein gegründeten »Kanondörfer«, deren Siedler roden sollten und zum Ausgleich nur geringe Steuer (den Kanon) zahlten. Heiligenborn passiert man auf dem Lahnwanderweg, es gehört zum Bad Laaspher Stadtteil Banfe.

Sehenswert: Industriemuseum Amalienhütte, Heimatmuseum Oberes Lahntal, Pilzkundemuseum, Radiomuseum und (alte) Druckerei Ernst Schmidt.

8

Perfstausee
Gaststätte Seeblick
Am Perfstausee
35216 Biedenkopf

Region Lahn-Dill-Bergland e.V. (Tourismusbüro)
Herborner Straße 1
35080 Bad Endbach
02776 80115
www.lahn-dill-bergland.de

HINTERLAND IST HOCHWASSERLAND
Perfstausee im Lahn-Dill-Bergland

Die Grenze zwischen Marburger Land und Hessischem Hinterland verläuft irgendwo zwischen Elmshausen und Kernbach an der Lahn. Der 498 Meter hohe Rimberg in Caldern »gehört« der Großgemeinde Lahntal. Was Erhebungen angeht, punktet Biedenkopf mit einem 674 Meter hohen Hausberg, *Sackpfeife* genannt. Der hat eine Sommerrodelbahn, und im Winter tummeln sich auf ihm Skiläufer, Rodler, Snowboarder und Eisläufer. Man muss sich also nicht wundern, dass Biedenkopf Mitglied im Oberhessischen Gebirgsverein ist, was einen Allgäuer Älpler seltsam anmuten wird. Andere verwundert wohl die namentliche Zuordnung zu Oberhessen. Die komplizierte hessische Geschichte lässt grüßen: Dieses Oberhessen meint eine Region des alten Kurhessen-Kassel, während die frühere Hessen-Darmstädtische Provinz Oberhessen den Vogelsberg bezeichnete. Das Hinterland gehörte weder zu dem einen noch zu dem anderen Oberhessen.

Eder und Lahn, Perf und Salzböde durchfließen das Hinterland. Im idyllisch gelegenen Perfstausee zwischen Breidenstein und Breidenbach ist das Baden leider dauerhaft wegen Keimverunreinigung verboten. Die Talsperre reguliert den Zufluss der Perf in die Lahn und schützt die Umgebung seit 1993 vor einst verheerenden Hochwasserschäden. Der nur zwei bis vier Meter tiefe 18-Hektar-See fasst im Normalfall 600.000 Kubikmeter, kann aber bis zu 2,15 Millionen Kubikmeter aufnehmen. Das Naturschutzgebiet am hinteren Seeteil ist ein ungestörter Lebensraum für Wasservögel; ein Spazierweg führt rundherum.

Am Perfstausee sind wir mitten im nordöstlichen Teil des Naturparks Lahn-Dill-Bergland, einer wundervollen Mittelgebirgslandschaft mit ausgedehnten Tälern, Hügelkuppen und Senken. Dass dem Hinterland keine große Durchgangsstraße von Nord nach Süd zugedacht wurde, erweist sich als Segen für Bewohner und Besucher dieses heimeligen Fleckchens Erde.

Das denkmalgeschützte Rittergut Elmshausen (1586) im gleichnamigen Ortsteil von Dautphetal ist ein artgerechter Pferdebetrieb mit 16 Schulpferden und Pensionsstall für 35 Pferde und Ponys (www.rittergut-elmshausen.de).

4

Biedenkopf im Hinterland
Plastik El Niño von Ubbo
Enninga in der Lahn
Bleiche
35216 Biedenkopf

**Touristeninformation
Biedenkopf**
Rathaus
Hainstraße 63
35216 Biedenkopf
06461 95010
www.biedenkopf-
tourismus.de

FESTE FEIERN BEIM GRENZWANDERN
Stadt im Hinterland

Sind die Hinterländer, deren Identität sich in Eigennamen wie der Tageszeitung *Hinterländer Anzeiger* ausdrückt, nicht eigentlich Hinterwäldler? Tatsächlich überziehen Laub- und Nadelwälder die Hälfte des Altkreises Biedenkopf. Die Liebe zum heimatlichen Wald bestimmt allerhand Bräuche und Rituale, etwa das alle sieben Jahre gefeierte Kultfest *Grenzgang*, zu dem Biedenkopfer aus aller Welt in die Fachwerkstadt am Schlossberg strömen. Auf den *Brott*, das Kartoffelbraten im Wald zwischen kokelndem Buchenholz, müssen Freunde und Vereine nicht sieben Jahre warten, das feuchtfröhliche Ereignis findet jedes Jahr im Frühherbst statt.

Biedenkopfs Schriftstellersohn Stephan Thome setzte dem *Grenzgang* in seinem gleichnamigen Roman ein literarisches Denkmal, seinen Heimatort taufte er darin in »Bergenstadt« um. Andreas Steinhöfel lässt seinen Kinderbuchbestseller *Paul Vier und die Schröders* in »Bergwald« spielen, einer Kleinstadt, die auch Biedenkopf nachempfunden ist. Mittlerweile ist Steinhöfel nach Jahren in Metropolen ins Hinterland zurückgekehrt; er hatte Heimweh. Ubbo Enninga, auch ein Künstlersohn Biedenkopfs, blieb weg, schuf aber Skulpturen für den Stadtpark und die Lahn.

Woher stammt nun der Name »Hinterland«? Nachdem der Marburger Landgraf Ludwig IV. 1604 kinderlos gestorben war, fiel die Region an Hessen-Darmstadt. Von Gießen zog sich ein schmaler, teils nur 500 Meter breiter, Korridor die alte Handelsstraße Westfalenweg entlang nach Norden in dieses »hintere Land«, eingeklemmt zwischen Preußen, Nassau und Kurhessen. Dorthin wurde man strafversetzt. 1866 wurde das Hinterland »musspreußisch«, doch trotz großspuriger Ankündigungen nicht zum »Vorderland«. Nach 1945 integrierte das Hinterland 15.000 Heimatvertriebene und Evakuierte, ein Fünftel der eigenen Bevölkerung, viele arbeiteten in der Textilindustrie.

Das Hinterlandmuseum im Landgrafenschloss hat eine bedeutende Sammlung zu Textilhandwerk und Tracht. Weitere Themen: Post, Feuerwehr, Eisenindustrie, *Grenzgang*.

5

**Schartenhof –
Konzerte, Ausstellungen,
Marionettentheater**
Obere Bergstraße 12
35216 Biedenkopf-
Eckelshausen
06461 2710
www.schartenhof.de
www.eckelshausener-
musiktage.de
www.annemarie-
gottfried.de

WO DIE PUPPEN TANZEN
Schartenhof Eckelshausen

Die Seele des Schartenhofs in Eckelshausen blickt mit großen Kulleraugen in die Welt; längst hat sie 90 Lebensjahre überschritten. »Was will die ale Frau nur mit dem ale Haus!?« So sprach man 1970 im Dorf, als die damals 46-jährige Annemarie Gottfried den verfallenen Hof mitten im Ort, umgeben von alten Bäumen und großem Garten, kaufte. »Ich brauchte Freiraum für meine künstlerische Arbeit«, erzählt sie mir. Drei kaputte Dächer, keine Kanalisation, kein Strom, keine Dusche – eine Ruine. Die Hausbesitzerin erlernte mit der Hilfe des Nachbarn das Maurerhandwerk und restaurierte die von 1875 stammende hohe Kratzputz-Fachwerkwand des 1690 erbauten Wohnhauses selbst, wobei sie die ursprünglichen Ornamente erhielt. Später gab es Preise für diese Leistung – und Aufträge für die Sanierung weiterer Fachwerkfassaden.

Ihre erste Puppe bastelte Annemarie Gottfried aus Stoffresten, Sägemehl und Hanf, nach 1945 betrieb sie in Biedenkopf eine Puppenwerkstatt und setzte dies während ihrer Ausbildung an der Kunstakademie Düsseldorf fort. Mit Heimarbeiterinnen fertigte sie Hunderttausende Maskottchen für die Industrie. Ihre eigentliche Berufung galt jedoch der Gestaltung künstlerischer Figurinen, Papierskulpturen und Bronzeplastiken. Alle ausdrucksstarken Figuren für das Marionettentheater Schartenhof stammen aus ihrer Hand. Die Profibühne dieses kleinen Musiktheaters mit Kulissen und Lichttechnik baute Heinz Zürcher nach Modellen großer Opernbühnen.

Seit mehr als drei Jahrzehnten haben sich die *Eckelshausener Musiktage* als beliebtes Kammermusikfestival profiliert. In Kirchen, Schlössern, Industriebauten, Rathäusern, Scheunen und Gärten zwischen Bad Laasphe und Marburg gastieren Musiker von Weltrang. Frau Gottfried nimmt noch selbst Kartenbestellungen entgegen – wenn sie nicht gerade an einer filigranen Papierskulptur arbeitet.

Das Kulturzentrum Schartenhof ist ein Familienbetrieb – ein Juwel im Hinterland.

6

Lahntalradweg
Abstecher von der Dorfstraße zur Fachwerkkirche
Bachstraße
35094 Lahntal-Kernbach

Starpunkt Tour:
Evang. Kirche Wallau
Kirchweg 14
35216 Biedenkopf-Wallau

VON KIRCHLEIN ZU KIRCHLEIN
Auf dem Lahntalradweg ab Wallau

Der Landkreis Marburg-Biedenkopf lässt sich auf dem Lahntalradweg durchqueren, beginnend an der Pfarrkirche von Wallau im Westen, vorbei an der Cölber Lahnschleife und von da gen Süden bis Bellnhausen. Auf dieser 60-Kilometer-Strecke findet man (winzige Abstecher vorausgesetzt) hübsche, oft denkmalgeschützte Dorfkirchen. Die meisten dieser Bauten befinden sich im Oberen Lahntal. Eine herzerfrischende Von-Kirchlein-zu-Kirchlein-Tour: die Chorturmkirche in Buchenau (Ersterwähnung 1265), die steinerne Martinskirche in Dautphe (um 1100), die dunkle Steinkirche mit barockem Haubenturm in Damshausen, die Nicolai-Kapelle und Klosterkirche in Caldern (um 1235), die süße Fachwerkkirche in Kernbach (1687), die romanische Alte Kirche in Bürgeln kurz vor der Ohmmündung, die Alte Kirche Niederweimar (Kapelle vor 1300, um 1780 neu), die Wehrkirche Wenkbach (vor 1302) und die wehrhafte Chorturmkirche in Fronhausen (1159).

Der ländlich-lauschige Charakter des Oberen Lahntals lässt einen leicht vergessen, dass die Biedenkopfer Region wirtschaftsstark ist, nahe an der Vollbeschäftigung. Vor 1900 herrschten hier allerdings Hunger und Not. Die Hangböden haben einen felsigen Untergrund, die lehmigen Talböden bestellte man mühsam mit Kuhgespannen. Die Leibeigenschaft wurde 1813 zwar abgeschafft, die Bauern mussten sich aber freikaufen und waren ewig verschuldet.

Um 1850 wanderten Kleinbauern nach Amerika aus oder verdingten sich als Holzfäller, Köhler, Hüttenarbeiter, Wandermaurer. Die Frauen und Kinder töpferten zu Hause Geschirr und bestellten ihre (wegen Real-Erbteilung) winzigen Flächen mit ein oder zwei »Schaffkühen«. Kinder mussten nach der Konfirmation als Knechte und Mägde ausziehen. Hinterländer Strumpfstricker »brachten ihre wintertags gestrickten und gewirkten Strümpfe im Frühling bis nach Bayern und Württemberg«.

Traurige Berühmtheit erlangte der »Postraub in der Subach«: Arme Kombacher Bauern überfielen 1824 das »Geldkärrnchen« aus Gießen. Fünf richtete man hin. Volker Schlöndorff verfilmte die Geschichte.

7

Lahn bei Kernbach
Lahnbrücke an der
Dorfstraße
35094 Lahntal

Lahntal Tourismus Verband
Brückenstraße 2
35576 Wetzlar
06441 309980
www.daslahntal.de

SAUBERHAFTE LAHN, SUMPFIGE TALAUEN
Die Lahn bei Kernbach

Gemächlich plätschert die Lahn bei Kernbach über Stock und Stein, zu flach für Bootsfahrer, aber schön, sich bei flirrender Hitze die Füße zu erfrischen. Auch wenn man kein Kneipp-Fußbad nehmen, sondern eine Weile am Ufer sitzen möchte, freut man sich über klares Wasser, unratfreie Wege und Wiesen. Ob es ratsam ist, in der Lahn zu baden, sei dahingestellt, denn die biologische Qualität von Flüssen kann nach Regenfällen, durch Sickerwasser oder bakteriell belastetes Klärwasser stark schwanken. Weil an der Sauberkeit des Wassers begründete Zweifel bestehen, veranstaltet Marburg die Aktionstage *Sauberhafte Lahn*, an denen Groß und Klein, mit Zangen und Müllbeuteln ausgestattet, Dreck aufspüren. Bei solchen Flussreinigungen bargen DLRG-Taucher 15 Fahrräder sowie Einkaufswagen, Baustellenabsperrungen, ein gesunkenes Kanu und Handys. Der Unterwassermüll behindert Boote und bedroht Wassertiere.

Für Kajakfahrer mag die obere Lahn eine Herausforderung darstellen, manch mutiger Wildwasserkanute traut sich, nach der Schneeschmelze über kleine Wehre von Feudingen bis nach Bad Laasphe hinabzurasen. Vor Wagemut und Leichtsinn allerdings wird allgemein gewarnt. Die obere Lahn bis Marburg kann nur bei hohem Wasserstand befahren werden, und die zahlreichen Stromschnellen sind selbst für erfahrene Kanuten gefährlich.

Der Lahn-Oberlauf wurde zwar im Nationalen Hochwasserschutzprogramm berücksichtigt, auf regionaler Ebene aber erkämpften Naturschützer, dass die Flussauen zwischen Wallau (Biedenkopf) und Odenhausen (Lollar) sukzessive renaturiert werden. Die Talauen der Flüsse und ihrer Nebenbäche sollen ihren typischen Charakter behalten: »mit Überschwemmungsgebieten, heimischen Gehölzen, Wiesen, Weiden, Grünlandbrachen, Senken und Nassstellen, Quellen, Kleingewässern, Altarmen und Sümpfen«.

Südlich von Marburg wurde das Überschwemmungsgebiet der Lahn durch Deiche verschmälert, dort findet man laut Auenverbund Lahn-Ohm inselartige Auwaldreste.

8

**Frau in Weiß
(Hanna Ubbelohde)**
von Otto Ubbelohde,
um 1900
Öl, 150,5 x 99,5 cm

Otto-Ubbelohde-Haus
Otto-Ubbelohde-Weg 30
35094 Lahntal-Goßfelden
06423 964402
www.otto-ubbelohde.de
www.lahntal.de

FRAU IN WEISS, SOMMERGELBE FELDER
Otto-Ubbelohde-Haus in Goßfelden

Das Gemälde *Frau in Weiß* hängt in Goßfelden im ehemaligen Wohnhaus seines Schöpfers. Hier hat die Otto-Ubbelohde-Stiftung ein Museum zum Leben und Werk des gleichnamigen hessischen Jugendstilmalers eingerichtet. Man hat Ubbelohde (1867–1922) lange als Gebrauchsgrafiker unterschätzt, der Ansichtskarten, Kalender und volkskundliche Druckvorlagen zeichnet. Tatsächlich machten ihn seine 447 Federzeichnungen für eine Jubiläumsausgabe der Grimm'schen *Kinder- und Hausmärchen* weit über Hessen hinaus bekannt. Ubbelohde verewigte in seinen Skizzen Gebäude, Landschaften, Trachten, Haarschmuck des Hinterlands. Deutlich erkennt man beispielsweise in Ubbelohdes Rapunzel-Turm den Fachwerkturm von Amönau. Einige der Ubbelohde'schen Ölgemälde und Aquarelle hängen im Marburger Universitätsmuseum.

Hinterländerinnen in Tracht finden sich bereits im Werk von Ludwig Emil Grimm, einem jüngeren Bruder der Märchen-Grimms. Er und Gerhardt von Reutern waren die ersten, die »bäuerliche Menschen zum ersten und einzigen Bildgegenstand hatten«. In Willingshausen in der Schwalm begründeten sie die älteste Malerkolonie Europas, die bis Mitte des 20. Jahrhunderts immer neue Künstler anzog, darunter auch den hessischen Impressionisten Carl Bantzer und eben Ubbelohde.

Als Hanna und Otto Ubbelohde ihr Haus in den Lahnwiesen bauten, umgaben sie sich mit drei Gärten, deren Benennung nicht unbedingt der realen Nutzung entsprach. Ihr »Gemüsegarten« mit hoher Hainbuchenhecke schützte vor zudringlichen Blicken; im »Bienengarten« wurde nur kurze Zeit geimkert; der »Garten vorm Haus« ging nach Süden zur Lahn hin. Die Otto-Ubbelohde-Stiftung ließ die Gärten so authentisch wie möglich neu anlegen, mit Pappeln, Apfelbäumen, großen Staudenrabatten, einer Rosenpergola. Den frei zugänglichen, prächtigen Blumengarten pflegen Frauen aus der Gegend ehrenamtlich.

Von 1932 bis 1954 lebte der Expressive Realist Franz Frank, dessen Werke als »entartet« galten, mit Familie zurückgezogen in Ubbelohdes Atelier. Im Gartenhaus hängen Zeichnungen von ihm.

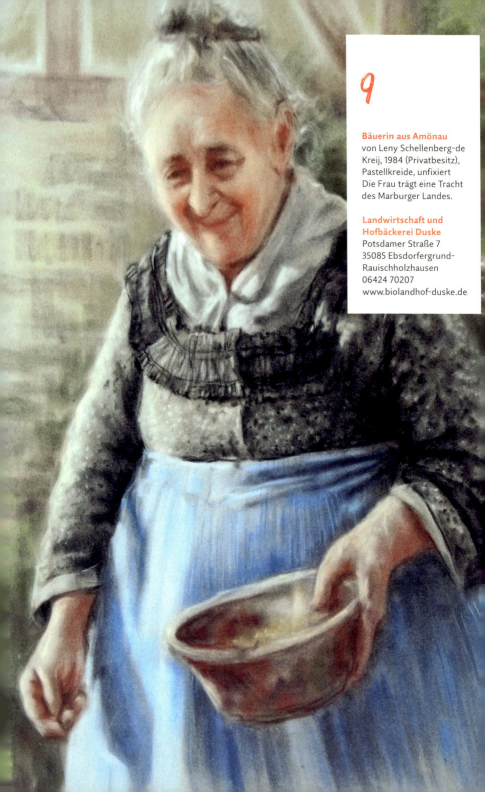

9

Bäuerin aus Amönau
von Leny Schellenberg-de Kreij, 1984 (Privatbesitz), Pastellkreide, unfixiert
Die Frau trägt eine Tracht des Marburger Landes.

Landwirtschaft und Hofbäckerei Duske
Potsdamer Straße 7
35085 Ebsdorfergrund-Rauischholzhausen
06424 70207
www.biolandhof-duske.de

Ebsdorfergrund 33

VON RABENFRAUCHEN
Dörfer und Backhäuser im Marburger Land

»Das niedlichste Frauchen, das ich je gesehen hatte, klein, rund und alt, eine Schale mit Hühnerfutter in der Hand, auf ihrem Weg in den Hühnerstall«, mit diesen Worten beschreibt die niederländische Malerin Leny Schellenberg-de Kreij ihre erste Begegnung mit der hier abgebildeten Bäuerin aus Amönau. Hätte es die Künstlerin nicht zufällig ins Marburger Land und in eine alte Treisbacher Scheune verschlagen, wären wunderbare Exemplare der hessischen Malerei nie entstanden. Ihr Porträtwerk zeigt eine fast untergegangene bäuerliche Welt.

Alte Frauen – dieses Motiv bedrängte die Künstlerin in den 1980er-Jahren. Geduldig suchte sie das Vertrauen der Bäuerinnen in Arbeitstracht, von Schusters Oma, Dortchen, Gretchen, Anna und wie sie alle hießen. Sie fotografiert, zeichnet und malt sie beim Hacken und Jäten, beim Hühnerfüttern, Kühemelken, beim Herdanfeuern, Kartoffelausmachen, bei Gesprächen über den Gartenzaun und beim stundenlangen Vertreiben von Krähen, die auf dem Maisacker die Saatpflänzchen auffressen. Eine solche »lebende Vogelscheuche« gab dem Buch *Vom Rabenfrauchen* seinen Titel. Irrtümlich nahm ich an, die porträtierten evangelischen Frauen seien »Rabenfrauchen« wegen ihrer schwarzen Abendmahlstracht – über dem geflochtenen Schnatz das Stülpchen und die weiße, gestärkte Abendmahlshaube.

Es gibt nach Auskunft des Trachtenexperten Eckhard Hofmann aus Dreihausen nur noch 15 evangelische und 33 katholische »authentische« Trachtenträgerinnen im Landkreis, die sich seit ihrer Kindheit täglich in Tracht kleiden. Dreihausen hält übrigens noch zwei Backhäuser in Betrieb. In Rauischholzhausen bewirtschaften Annemarie und Uwe Duske einen Biolandhof mit Bäckerei, Hofladen und Freitags-Hofmarkt. Annemarie und ich haben gemeinsam Abitur gemacht, nach dem Studium übernahm sie die elterliche Landwirtschaft; heute arbeiten und helfen hier 20 Menschen.

Gemälde von Leny Schellenberg-de Kreij hängen im Museum der Schwalm in Ziegenhain, im Freilichtmuseum Hessenpark, in ihrem Atelier und in Privathäusern.

MARBURG AN DER LAHN

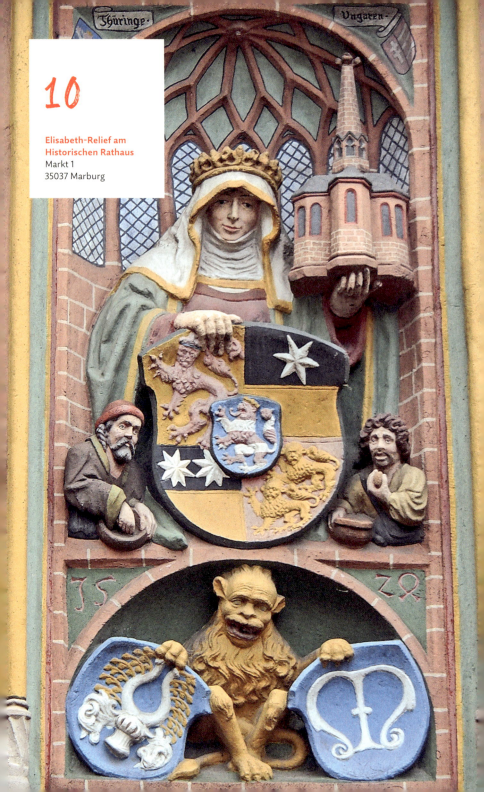

10

Elisabeth-Relief am Historischen Rathaus
Markt 1
35037 Marburg

ANWÄLTIN DER ARMEN
Elisabeth-Relief am Historischen Rathaus

Über dem Portal des Treppenturmes am Marburger Rathaus erzählt ein Relief die Lebensgeschichte einer beeindruckenden Frau: Fürstin Elisabeth von Thüringen (1207–1231) war ein Opfer machtpolitischer und finanzieller Interessen. Die ungarische Königstochter wuchs – als Vierjährige verlobt – am thüringischen Hof mit den acht Landgrafenkindern auf. Mit knapp 14 Jahren heiratete sie Ludwig IV., ihr drittes Kind bekam sie mit 20 bereits als Witwe. Eine typische Frauenbiografie im Hochadel des Mittelalters. Elisabeth jedoch schwamm gegen den Strom. Die arrangierte Ehe war zugleich ein Liebesbund; Ludwig gestand ihr unübliche Rechte zu: Sie tafelte neben ihm, vertrat ihn als Regentin. Zudem verhielt sie sich mit seiner Duldung unkonventionell, schockierte durch maßlose Frömmigkeit im Geist der in Westeuropa entstehenden religiösen Armutsbewegung.

Zu Elisabeths Lebzeiten kamen die Ideale des 1228 heiliggesprochenen Franz von Assisi in Mode, eines »Gurus« für »Aussteiger« aus Adel und Bürgertum. Elisabeth kleidete sich ärmlich, »küsste die Wunden Aussätziger, spann Wolle für die Armen«, baute ein Hospital, spendete während einer Hungersnot »die gesamte Jahresernte aus den landgräflichen Kornkammern«. Nach Ludwigs Tod 1227 verweigerten seine Brüder der »Verrückten« ihr Witwenerbe. Elisabeth flüchtet 1228 aus Eisenach, folgt dem fanatischen Kreuzzugsprediger Konrad von Marburg, einem berüchtigten Ketzerrichter, 1233 ermordet. Konrad drängt Elisabeth als ihr päpstlich ernannter Beschützer, Beichtvater und Vermögensverwalter noch stärker in ihren religiösen Wahn. Sie unterwirft sich seinem strengen Regiment vollständig, gelobt Gehorsam, Askese, Keuschheit, geistliche Disziplin, entsagt ihren Kindern. 1231 stirbt sie erschöpft an einer Infektion. Ihr Tod und ihr enormer Nachruhm passen höchsten kirchlichen und politischen Würdenträgern bestens ins Kalkül. Elisabeths Enkel Heinrich I. ist der erste Landgraf eines vereinten Hessen.

Am Eingang zum Pilgrimstein steht die Ruine der von Elisabeth errichteten Franziskuskapelle, in der sie zunächst bestattet war.

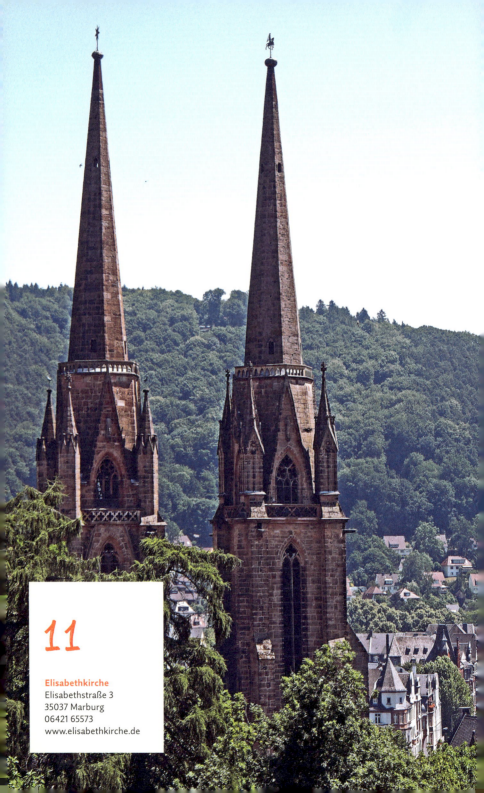

11

Elisabethkirche
Elisabethstraße 3
35037 Marburg
06421 65573
www.elisabethkirche.de

HYSTERIE UM HEILIGE
Elisabethkirche

Ein Paukenschlag machte Elisabeth von Thüringen in Marburg über Nacht berühmt: Sie verteilte an einem einzigen Tag 500 Silbermark in kleiner Münze von 72.000 Kölner Pfennigen (»ein Huhn kostete etwa drei Pfennige«), ein Viertel ihrer Erbentschädigung, an etwa 1.000 herbeigeströmte Menschen. Solche Aktionen und die Selbsterniedrigung der Königstochter, die Kochtöpfe scheuerte und die strengen mittelalterlichen Standesschranken ignorierte, erhoben sie zu einer Volksheiligen. Nach ihrem Tod wurde ihre Leiche drei Tage lang in der Hospitalkapelle aufgebahrt. Es kamen Menschenmassen, viele Wallfahrer wollten Reliquien ergattern. Es müssen sich Szenen der Hysterie abgespielt haben. Man riss Fetzen von den Tüchern, in die sie gehüllt war; man schnitt ihr Haare und Nägel ab; sogar vor Ohren und Brustwarzen scheute man nicht zurück.

An Elisabeths Grabstätte vor dem Altar passierten laufend Spontanheilungen, eilends Papst Gregor IX. gemeldet. Pilgerscharen überschwemmten das Städtchen und lösten einen Bauboom aus. Marburg hatte den Tourismus als Einnahmequelle entdeckt.

Bereits 1232 wurde der Grundstein für die frühgotische Elisabethkirche gelegt, »E-Kirche«, wie sie im Volksmund heißt, 1283 wurde sie geweiht. Die Rosen am Kirchenportal sind ein Sinnbild Mariens; die Legende vom »Rosenwunder« wurde später erfunden. Ihr zufolge verwandelte sich das Brot, das Elisabeth den Armen brachte, in Rosen, als ihr hartherziger Mann sie dabei erwischte. 1236 sprach der Papst Elisabeth heilig, zur Feier erschien viel Prominenz, sogar Stauferkaiser Friedrich II. »in ein Büßergewand gekleidet« und barfuß. Er schmückte den (in der Nacht zuvor abgetrennten) Kopf der Toten mit einer goldenen Krone, legte beides in eine Achatschale, so entstand ein kostbares Kopfreliquiar (heute ohne Schädel im Staatlichen historischen Museum Stockholm).

Von der lärmenden Elisabethstraße führen Stufen zur Kapelle Michelchen *am alten Pilgerfriedhof, von da höher zur* Augustenruhe, *auf Augenhöhe E-Kirchtürme.*

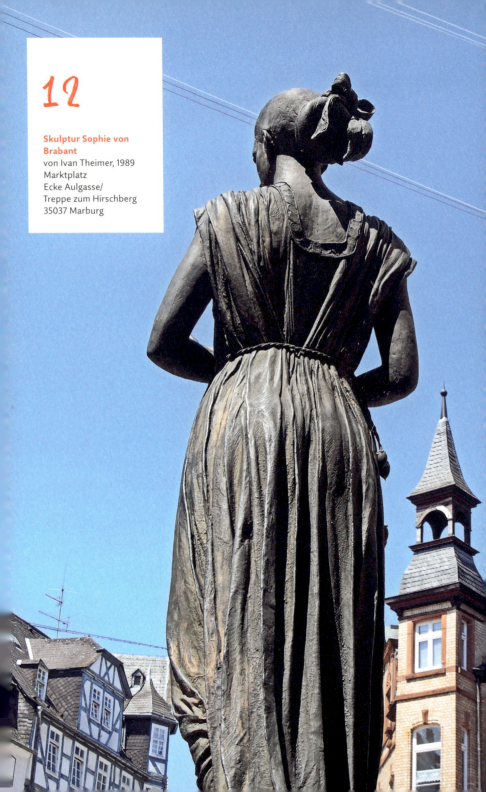

12

Skulptur Sophie von Brabant
von Ivan Theimer, 1989
Marktplatz
Ecke Aulgasse/
Treppe zum Hirschberg
35037 Marburg

DER MANN MIT DEN DREI HODEN
Sophie-Skulptur am Marktplatz

Am Marburger Marktplatz wacht Sophie von Brabant (1224–1275), die »Stammmutter des Hauses Hessen«. Ihr Nachfahre sollte 300 Jahre später eine zentrale Rolle während der Reformation einnehmen: Landgraf Philipp der Großmütige (1504–1567) wurde mit 14 Jahren vom Kaiser für volljährig erklärt. Mit 17 zog er, begleitet von 400 Reitern in Rüstung sowie 200 Adligen und Bediensteten, zum Reichstag nach Worms. Eine Machtdemonstration des vereinten Hessen. Dort lernte Philipp Martin Luther kennen. 1523 ermöglichte er den Marburgern, das repräsentative Rathaus zu vollenden.

1525 erlebte Philipp die blutigen Bauernaufstände in Süddeutschland. Ähnlichen Ausschreitungen in seinem Herrschaftsgebiet kam er zuvor, indem er Bürger und Bauern um eine Klageliste bat. Diplomatisch begabt, schuf er Abhilfe und nahm sich vor allem der antikirchlichen Kritik an. Er berief den Reformtheologen Adam Krafft zum Hofprediger, stellte Weichen für eine neue Kirchenordnung, löste Klöster auf und verwendete deren Besitz zur Gründung von Schulen und Universität. Ab 1527 wurde in Marburg evangelisch gepredigt. Philipp war kein dogmatischer Glaubensverfechter, gern hätte er den Streit der Wittenberger Theologen Martin Luther und Philipp Melanchthon mit dem Züricher Huldrych Zwingli geschlichtet. Deshalb lud er diese und andere Reformatoren aus Basel, Straßburg, Augsburg, Tübingen zum »ersten und einzigen Gipfeltreffen« nach Marburg ein. Im berühmten Marburger *Religionsgespräch* von 1529 ging es unter anderem um die Abendmahlsfrage, die trotz Philipps Vermittlungsversuchen strittig blieb.

Philipp führte mit Luthers und Melanchthons Zustimmung eine Zweit-Ehe mit Margarete von der Saale – eine morganatische Ehe, aus der neun Kinder hervorgingen. Mit Christina von Sachsen hatte er zehn Kinder, darunter vier legitime männliche Erben. Philipp begründete seinen Wunsch nach einer Ehe »zur Linken« damit, er habe drei Hoden.

Warum ist der goldene Schrein in der Elisabethkirche leer? Landgraf Philipp ließ Elisabeths Gebeine anonym bestatten, um den Reliquienzirkus zu beenden.

13

Landgrafenschloss Marburg und Museum für Kulturgeschichte (Wilhelmsbau)
Schloss 1
35037 Marburg
06421 2822355
www.uni-marburg.de/uni-museum

BURG MIT THRONSAAL
Landgrafenschloss

Der Marstall mit Renaissanceportal fällt als Erstes ins Auge, erreicht man die westliche Schlossvorburg über die Ludwig-Bickell-Treppe. Dort wohnen Stipendiaten des Collegium Philippinum der Universität, eines fast 500 Jahre alten selbstverwalteten Student(inn)enwohnheims. Die weithin sichtbare hufeisenförmige Marburger Schlossanlage auf einem Bergkegel ist die kunsthistorisch bedeutendste Burg des Lahntals. Der Magistrat plant, sie im großen Stil zu einer Museumslandschaft mit Thema Stadtgeschichte auszubauen, ein Projekt, das viel Zeit und Geld kostet.

Schon jetzt gilt der Komplex als eine der architektonisch spannendsten spätmittelalterlichen Burgen Deutschlands mit einem 482 Quadratmeter großen Thronsaal. Zudem gibt es: Burghof, Südterrasse, Schlosskirche, Hexenturm, Verteidigungsanlagen, Kasematten. Das Museum für Kulturgeschichte im Wilhelmsbau (von 1493) zeigt auf fünf Etagen frühgeschichtliche archäologische Funde, eine umfangreiche Kollektion von Reiterschilden, christliche Kunstwerke, bürgerliche Wohnkultur, ländliches Leben.

Viele Marburger wünschen sich einen Aufzug von der Oberstadt zum Schloss, wie eine Unterschriftensammlung ergab – allerdings ist das wohl (zu) teuer. Wer könnte sich die Stadt noch ohne die beiden Aufzüge vom Pilgrimstein zur Reitgasse vorstellen? Früher lief das so ab: Wir Schüler schauten uns zunächst im Elwert'schen Taschenbuchladen um (heute aufgelöst), näherten uns nonchalant einer schmalen Aufzugtür, fuhren mit dem Rumpeldind und, nach Umstieg, mit einem zweiten zwischen nackten Wänden in die obere Buchhandlung, um dort noch ein wenig zu stöbern und die Geistesstube unauffällig zu verlassen. Dieser viel frequentierte Schleichweg war ein offenes Geheimnis, die Buchhändler kommentierten unser Verhalten nie. So mancher von uns wurde ein guter Kunde.

Am Kalbstor beginnt die Ritterstraße. Dort im Forsthofgarten steht der Bettinaturm (1230) mit gut erhaltener Stadtmauer (und versteckter Treppe).

14

Bronzeskulptur Christian an der Wasserscheide
von Paul Wedepohl, 1988
Ecke Wettergasse/
Neustadt/Renthof
35037 Marburg

Marburg Stadt und Land Tourismus GmbH
Erwin-Piscator-Haus
Biegenstraße 15 und
Oberstadtwache Markt 8
35037 Marburg
06421 99120
www.marburg-tourismus.de

»DIE KLEINE, KRUMME STADT«
Christian-Skulptur an der Wasserscheide

»Die kleine, krumme Stadt auf und ab gegangen bis hinauf ins Schloss und bis zur Elisabethkirche hinunter.« So schrieb Rainer Maria Rilke 1905 an seine Frau, die Malerin und Bildhauerin Clara Westhoff. Marburg erschließt man sich am besten zu Fuß, und die Schlenderer sollten viel Zeit einplanen, festes Schuhwerk tragen und die Chance, sich heillos zu verlaufen, nicht verschenken. Schweißtreibend gestalten sich solche Spaziergänge allemal, denn Jacob Grimms Bemerkung von vor 200 Jahren trifft unverändert zu: »Zu Marburg muss man seine Beine rühren und treppauf, treppab steigen.«

Berufshalber gut zu Fuß war »Der Christian, Dienstmann Nr. 4«, Marburgs letzter Bote und Kofferträger, der bis in die 1960er-Jahre Professoren das Gepäck vom Bahnhof nach Hause schleppte – sofern er Lust hatte. Seine schlagfertigen Sprüche, seine Dauer-Zigarre im Mund, seine Alkoholfahne sind legendär. Christian Werner stammte aus dem Dörfchen Hommertshausen im Oberen Lahntal. Der Bildhauer Paul Wedepohl (1908–1992) schuf die Bronzeskulptur *Christian* im Auftrag seines Freundes Hermann Reidt. Der Gründer des Lessing-Kollegs für Sprachen und Kultur stiftete sie 1988 der Stadt, und Oberbürgermeister Dr. Hanno Drechsler ließ sie in der Fußgängerzone aufstellen.

Als Drechsler 1970 sein Amt antrat, fand er ein Gutachten vor, wonach 48 Prozent der Altstadt abgerissen werden sollten, ein Kahlschlag, den der Historiker weitgehend verhinderte. Er bewahrte Marburg vor dem Gesichtsverlust, indem er der Denkmalpflege mehr Rechte einräumte und für fachgerechte Sanierung sorgte. Die heute beinahe verkehrsfreie Oberstadt mit ihren gepflasterten Gassen, zahllosen Treppen, Mäuerchen, Terrassengärtchen neben Dachfirsten, schmalsten Fluren zwischen schiefen Fachwerkbauten aus sieben Jahrhunderten blieb erhalten.

Einige der 34 wissenschaftlichen Sammlungen der Philipps-Universität befinden sich in der Oberstadt, etwa Physikalische und Religionskundliche Sammlung (www.uni-marburg.de/sammlungen).

15

Fachwerk am oberen Markt
35037 Marburg

Bierlokal Hinkelstein
im Steinernen Haus
Markt 18
35037 Marburg
06421 24210
stone.hinkelstein-marburg.de
www.stone.hinkelstein-marburg.de

WO HAUS AN HAUS SICH LEHNT
Fachwerk am oberen Markt

»Schiefergedeckte Dächer, sichtbare Holzkonstruktion des Eichenfachwerks, Kratzputz auf den Gefachen, Bauzier in den Eckständen und Geschossvorsprüngen, Sprossenfenster und kassettierte Türen. Häuser, zeilenweise dicht aneinandergereiht, an engen Gassen oder Treppen«, heißt es im *Architekturführer Marburg*. In der Universitätsstadt stehen Original-Fachwerkhäuser aus dem Hochmittelalter und Imitationen des romantisierenden Fachwerk-Historismus aus dem 19. Jahrhundert. Am Schlossberg und über die Stadt verteilt sieht man aus dieser Zeit repräsentative Verbindungshäuser von Burschenschaften. Bis heute finanzieren oft »Alte Herren« diese Gebäude. In Marburg gibt es noch etwa 30 aktive Studentenverbindungen, manche schlagend, manche politisch, teils rechtsradikal, manche rein akademisch. Der traditionelle Marktfrühschoppen am ersten Julisonntag verkam leider zum Wettstreit der Ideologien mit Prügeleien und Polizeieinsatz, seine Zukunft ist unsicher.

Ein paar Bauten der Oberstadt verdienen besondere Aufmerksamkeit. Das Eckhaus Hirschberg 13 ist Marburgs ältestes Fachwerkgebäude (1321). Der *Kilian* (1180) am Schuhmarkt 4 war die älteste Kirche der Stadt. Das fünfstöckige Wohnhaus Reitgasse 10 erreicht die größtmögliche Höhe eines Fachwerkbaus. Das Steinerne Haus Marktgasse 18 (um 1300) mit dem legendären Bierlokal *Hinkelstein*, der Arnsburger Hof Barfüßerstraße 3 (um 1350) und das Hochzeitshaus Nikolaistraße 3 (1527) gehören zu den wenigen frühen Steingebäuden. Die meisten der bis zur Kitschgrenze bunt verzierten Häuser der Wettergasse stammen aus dem Historismus.

Geht man von der Wettergasse kommend in die Neustadt, gelangt man auf den Steinweg, die erste gepflasterte Straße Marburgs, 1774 terrassenartig auf drei parallel verlaufenden Ebenen angelegt. Auf der autofreien mittleren Bahn findet ganzjährig am ersten Samstag des Monats ein Flohmarkt statt.

Im Sommer gibt es auf der Großleinwand der Schlossparkbühne Open-Air-Kino.

16

Kirschblütenmeer in der Stresemannstraße im
Südviertel
35037 Marburg

Velociped(Weidenhäuser Fahrradbörse)
Weidenhäuser Straße 64
35037 Marburg
06421 15667
www.velociped-marburg.de

MARBURG IST EIN DORF
Südviertel und Weidenhausen

Von den 73.000 Einwohnern Marburgs kommen 8.400 Menschen aus anderen Ländern. An der Philipps-Universität studieren 25.000 junge Leute. 11.100 besuchen eine Schule, unter anderem die Blindenstudienanstalt, kurz Blista, das größte Bildungszentrum Deutschlands für Blinde und Sehbehinderte. 27.000 Menschen leben in den im weiten Umkreis eingemeindeten 18 Dörfern, von denen manche ihren ländlichen Charakter erhalten haben. Beliebteste studentische Wohnlage ist die Weidenhäuser Straße, gefolgt von den WG-tauglichen Altbauwohnungen des Südviertels in Jugendstilvillen, Mietshäusern aus der Gründerzeit, früheren Kasernengebäuden. Das Südviertel im Dreieck zwischen Schwanallee, Universitätsstraße und Lahn bezeugt seine Entstehungszeit mit den Straßennamen: Wilhelm-, Stresemann-, Bismarckstraße, Friedrichsplatz. Die feinen alten Professorenvillen stehen jedoch am Rotenberg, der in den Schlossberg übergeht.

Vom einstigen Handels- und Handwerksdorf Weidenhausen, in dem Wallfahrer Herbergen vorfanden und sich mit Waren eindeckten, führt seit mehr als 800 Jahren eine Steinbrücke über die Lahn. Die schmale, gepflasterte Weidenhäuser Straße mit mehr als 100 schön sanierten Fachwerkhäusern ist eine eigene Welt aus Kneipen und kleinen Läden. Hier scheint jeder jeden zu kennen. Die Weidenhäuser Feste in Innenhöfen und Gärtchen sind legendär – Höfefest, Entenrennen, Grabenfest, Straßenfrühstück, Hafenfest.

Seit mehr als 30 Jahren verkauft Hans-Michael Schneider Zweiräder jeglicher Art, zweimal jährlich organisiert er den größten Gebrauchträder-Markt Hessens. Als ich mir ein neues Rad zulegen wollte, setzte er sich draußen auf einen Fenstervorsprung, drehte sich eine Zigarette und befragte mich eingehend nach meinen Radelgewohnheiten. Erst nach dieser Typisierung gestattete er mir, mich in seinem Bikelager umzusehen.

»Südviertellage« adelt Mietanzeigen. Auch der 14-stöckige »Affenfelsen«, architektonischer Schandfleck, steht hier. Der Weitblick aber ist umwerfend.

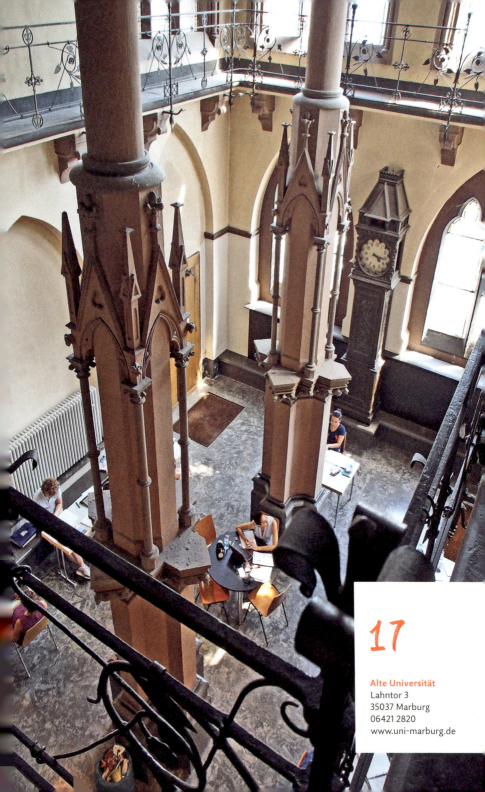

17

Alte Universität
Lahntor 3
35037 Marburg
06421 2820
www.uni-marburg.de

AUSSER SCHERBEN NICHTS GEWESEN
Alte Universität

Landgraf Philipp schwebte 1527 eine humanistische, protestantische, in diesem Rahmen konfessionell offene Universität vor; seine Söhne und Enkel zeigten sich weniger aufgeschlossen, was in den blutigen Hessenkrieg, einen Teil des Dreißigjährigen Krieges, mündete. Es waren schlimme Zeiten, noch dazu starb die Hälfte der 6.000 Marburger an der Pest. Historiker Erhart Dettmering veranschaulicht das am Nahrungsbedarf: 1618 habe jeder der beiden Marburger Schweinehirten bis zu 300 Schweine gehütet, bei Kriegsende 1648 nur noch 40 Tiere.

Logismangel herrschte schon, als die Stadt nur 400 Studiosi verkraften musste. Heute hat sich bloß die Größenordnung verändert – Bett und Tisch für 27.000 junge Leute! Auch Klagen über nächtliches Lärmen, maßlosen Alkoholkonsum, Faulheit und Schlägereien des Jungvolks sind kein modernes Phänomen. Das Tragen eines Degens war früher selbstverständlich. Über ein Bankett im Rathaus zur 200-Jahr-Feier der Universität, an dem 500 Studenten teilnahmen, vermerkt der damalige Chronist (laut Dettmering) erfreut, alles sei dank Konfiszierung der Waffen »ohne das geringste Unglück abgegangen«. Allerdings schlugen die Gäste »alle Fenster, Bouteillen, Gläser, Tische und Bänke in tausend Stücke«. Damit die Adels- und Bürgersöhne sich in sportlicher Weise austoben konnten, bekamen sie 1731 eine repräsentative Reithalle.

Die Alte Universität ist ein mächtiges, den Rudolphsplatz überragendes neogotisches Gebäude. Die Universitätskirche nebenan blieb von den einstigen Klostergebäuden übrig, die Landgraf Philipp zur weltlichen Bildungsstätte umfunktioniert hatte. Wie die Dominikaner 1527 ihr Kloster verlassen, dokumentiert eines der sieben monumentalen Gemälde in der Aula. Der Düsseldorfer Maler Professor Peter Janssen schuf sie 1903, sie zeigen Szenen aus der Marburger und hessischen Geschichte. Ich liebe sie.

Die Aula der Alten Universität ist nur bei Events und Führungen geöffnet. Die einstige Reithalle (Barfüßerstraße 1) beherbergt heute das Unisportinstitut.

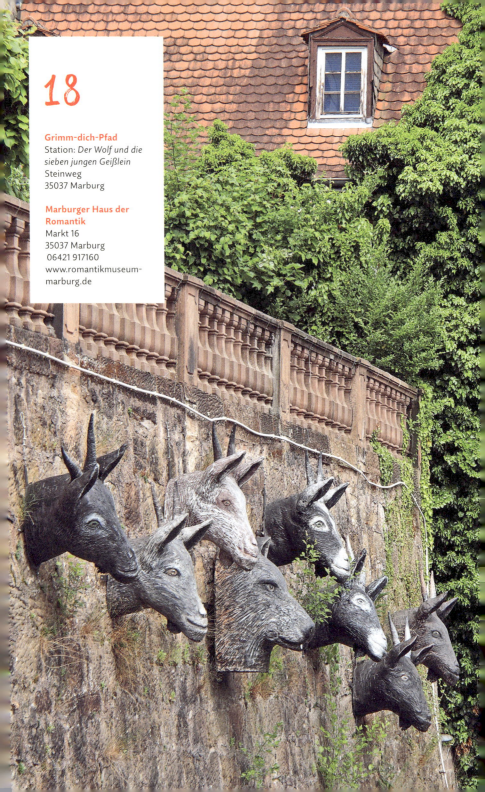

18

Grimm-dich-Pfad
Station: *Der Wolf und die sieben jungen Geißlein*
Steinweg
35037 Marburg

Marburger Haus der Romantik
Markt 16
35037 Marburg
06421 917160
www.romantikmuseum-marburg.de

WOLF, WACKERSTEINE, WUNDERHORN
Grimm-dich-Pfad und Haus der Romantik

»Was rumpelt und pumpelt in meinem Bauch herum, ich meinte, es wären sechs Geißelein, doch sind's lauter Wackersteine.« Die berühmten Worte des Märchenwolfs erheitern Kinder und Erwachsene seit 200 Jahren. Der Künstler Pasquale Ippolito, Bühnenmaler am Stadttheater Gießen, gestaltete die meisten Exponate des *Grimm-Dich-Pfads* an Mauern, Treppen, Fassaden der Altstadt. Der Spazierweg verbindet kulturelles mit sportlichem Vergnügen: Auf 2,5 Kilometern überwindet man 109 Höhenmeter und 282 Treppenstufen, sofern man dem Weg systematisch folgt. Wer spürt danach nicht selbst Wackersteine – in den Beinen!

An der Philipps-Universität studierten und lehrten viele berühmte Persönlichkeiten, manchen Namen begegnet man auf Erinnerungsplaketten in der ganzen Stadt. Jacob und Wilhelm Grimm, die in ihrer Marburger Studienzeit von 1802 bis 1805 in der Barfüßerstraße und Wendelgasse wohnten, gehören zu den prominentesten. Die 1812 erschienenen *Kinder- und Hausmärchen* sammelten die Brüder vor allem in Marburg und Nordhessen. Ihnen zu Ehren wurde die Brüder-Grimm-Stube am Markt 23 sowie das *Haus der Romantik* am Markt 16 eingerichtet

Der Rechtswissenschaftler Friedrich Carl von Savigny, später Minister in Berlin, führte in seiner Wohnung im Forsthof, Ritterstraße 15, ein offenes Haus für den *Romantischen Freundeskreis*. Neben den Grimms gehörte Bettina Brentano, spätere von Arnim, dazu, Autorin von Briefromanen wie *Die Günderode*. Ihr Bruder Clemens Brentano, Kunstmärchendichter und Herausgeber der Liedersammlung *Des Knaben Wunderhorn*, ging im Forsthof ein und aus, ebenso seine Frau Sophie Mereau, erste Berufsschriftstellerin, die von ihren Werken leben konnte. Die Frühromantikerin Caroline Schlegel-Schelling wohnte als junge Witwe ab 1789 in der Reitgasse, bevor sie sich in die Wirren der Mainzer Republik stürzte. Als »Madame Luzifer« beschimpft, war sie in Lebenswandel und Denken eine emanzipierte Frau, ihrer Zeit weit voraus.

Die Marburger seien »nicht so cultiviert und geschwätziger, allein doch toleranter« als die Göttinger, meinte Caroline Michaelis-Böhmer-Schlegel-Schelling.

19

Emil-von-Behring-Mausoleum
Elsenhöhe
Startpunkt: Waldfußweg
Wannkopfstraße
35037 Marburg

DER »RETTER DER KINDER«
Mausoleum von Emil von Behring

Heute arbeiten etwa 5.500 Menschen in Marburg für die 16 Biotech-Nachfolgefirmen der Behringwerke, darüber hinaus forschen viele an den Marburger Uni-Instituten für Immunologie, Medizinische Mikrobiologie und Krankenhaushygiene sowie Virologie – sie alle sind Erben Emil von Behrings.

Als der Westpreuße 1895 in Marburg eine Professur für Hygiene antritt, hat er sich bereits in der Infektionsmedizin profiliert. Nicht mit chemischen Mitteln, sondern mit körpereigenen Abwehrstoffen seien Bakterien zu bekämpfen – der Beginn der Blutserumtherapie, dank der die Kindersterblichkeit an Diphtherie zurückgeht. Ab 1896 forscht der »Retter der Kinder« nebenbei in seinem Privatlabor über die Massenkrankheit Tuberkulose. 1901 empfängt er, zuvor geadelt, in Stockholm den ersten Nobelpreis für Medizin. 1904 gründet er mit dem Apotheker Dr. Carl Siebert das Behringwerk. Im Weltkrieg liefert das Unternehmen lebensrettendes Tetanus- und Diphtherieheilserum an die Front, ab 1914 gibt es vorbeugendes Tetanusserum.

Behring hat die moderne Medizin revolutioniert und den Grundstein für einen Global Player gelegt, trotz vielfältiger Hemmnisse: Er war das fünfte Kind eines mittellosen Dorfschullehrers. Er verlor neun Jahre Zeit als Militärarzt zur Abgeltung seines Studienstipendiums. Erst 42-jährig konnte er sich eine Heirat mit der 20-jährigen Else Spinola leisten; sie bekamen sechs Söhne. 1907 erlitt Behring ein Burn-out und verbrachte drei Jahre in einem Sanatorium. 63-jährig starb er an den Folgen einer Lungenentzündung. Else gründete die Schwesternschaft des Deutschen Roten Kreuzes, stiftete Mutterhaus und Deutschhausklinik. Ein Sohn fiel im Ersten Weltkrieg, zwei Söhne hatten nach 1933 Berufsverbot, der jüngste wurde zwangsexmatrikuliert. Else wurde wegen ihrer jüdischen Abstammung ausgegrenzt und starb 1936 an einem Herzinfarkt.

Behrings Mausoleum im Wald auf der nach seiner Frau benannten Elsenhöhe oberhalb von Marbach ließ er selbst bauen, heute eine von zwölf Stationen des Marburger Erlebnisspaziergangs *Behring-Route*.

20

Alter Botanischer Garten
Pilgrimstein
35037 Marburg

Neuer Botanischer Garten
Karl-von-Frisch-Straße
35032 Marburg
06421 2821507
www.uni-marburg.de/de/botgart

GRÜNE LUNGE FÜR CAMPUS FIRMANEI
Alter und Neuer Botanischer Garten

Die Marburger und ihre Gäste profitieren von zwei außergewöhnlichen Grünanlagen: dem 1786 entstandenen, denkmalgeschützten Alten Botanischen Garten mitten in der Stadt und dem 1977 eröffneten Neuen Botanischen Garten auf den Lahnbergen. Dort befinden sich seit den 1960er-Jahren naturwissenschaftliche Institute und mehrere Universitätskliniken. Der Alte Botanische Garten mit Wiesen, Teich, 320 unterschiedlichen Bäumen und Sträuchern, rund um die Uhr für die Allgemeinheit geöffnet, entwickelte sich zur grünen Lunge der Innenstadt. Die wesentlich größere grüne Oase der Lahnberge mit Schaugewächshäusern, Alpinum, Farnschlucht, Heilpflanzenrevier hat Öffnungszeiten und kostet Eintritt. Beide Gärten wurden in dramatische städtebauliche Veränderungen einbezogen.

Mittlerweile hat man alle Kliniken aus der Innenstadt auf die Lahnberge verlegt, marode Gebäude abgerissen, denkmalgeschützte saniert. Zwischen Elisabethkirche und Neuer Mitte entstand so der Campus Firmanei. Die bisher verstreut diesseits und jenseits der Lahn gelegenen Geistes- und Gesellschaftswissenschaften rückten auf ihm zusammen. Den Mittelpunkt des zwölf Hektar großen Campus bildet auf dem Gelände der alten Frauenklinik die moderne Universitätsbibliothek, ein 120-Millionen-Euro-Objekt am Rande des Alten Botanischen Gartens. Auf 18.500 Quadratmetern lagern 3,2 Millionen Medien. Auf dem einstigen Brauereigrundstück am Pilgrimstein erhielten die Germanisten ein modernes Forschungszentrum *Deutscher Sprachatlas*, das 1876 begründete Fachgebiet ist das älteste sprachwissenschaftliche Zentrum der Welt.

Der Neue Botanische Garten wurde in den hessischen Masterplan für einen neu strukturierten Campus Lahnberge eingegliedert. In direkter Nachbarschaft forschen und lehren Mediziner, Pharmakologen, Biologen; auch das Max-Planck-Institut für terrestrische Mikrobiologie ist hier untergebracht.

Die Universitätsbibliothek integrierte 25 Institutsbüchereien und ist täglich allen Bürgern zugänglich.

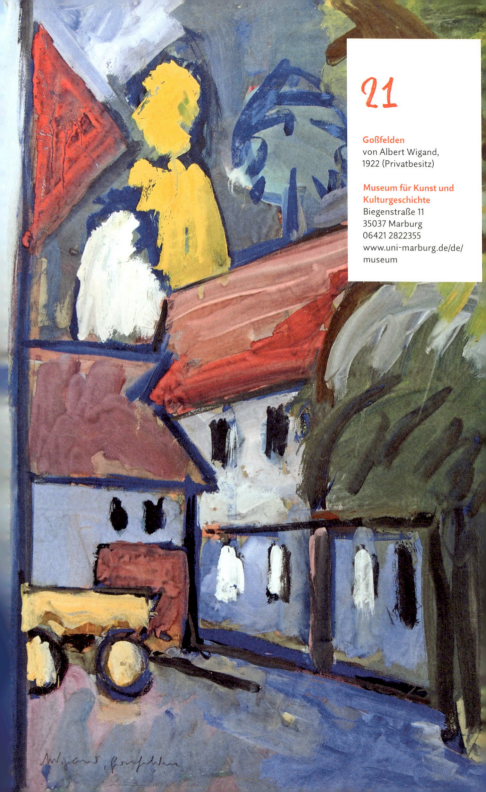

21

Goßfelden
von Albert Wigand,
1922 (Privatbesitz)

Museum für Kunst und Kulturgeschichte
Biegenstraße 11
35037 Marburg
06421 2822355
www.uni-marburg.de/de/museum

KULTURMEILE IM BIEGENVIERTEL
Museum für Kunst und Kulturgeschichte

Das Gemälde *Goßfelden* von Albert Wigand gehört nicht zum Bestand des Marburger Museums für Kunst und Kulturgeschichte; es hing aber 1994 als Leihgabe darin, und das Haus besitzt andere Werke des Künstlers. Eine Abteilung des universitätseigenen Museums in der Biegenstraße zeigt Werke des Expressiven Realismus. Auch den Exponaten seines Mentors Otto Ubbelohde in Goßfelden widmet sich das Kunstmuseum ausführlich, ebenso dem hessischen Maler Carl Bantzer (1857 941) und anderen Künstlern der Willingshäuser Malerkolonie in der Schwalm. Wigand (1890–1978), der ab 1925 in Dresden lebte, stammte wie Bantzer aus Ziegenhain in der Schwalm.

Das Museum im Biegenviertel entstand 1927 zur 400-Jahr-Feier der Philipps-Universität und zeigt Kunstwerke des 17. bis 20. Jahrhunderts, auch deutsche Nachimpressionisten, Künstler der Neuen Sachlichkeit und abstrakte Malerei, Exponate von Paul Klee, Wassily Kandinsky, Alexej von Jawlensky und Ernst Wilhelm Nay. Das im Nachdruck beliebte Bild *Der Briefbote im Rosenthal* des Biedermeier-Malers Carl Spitzweg kann man in Marburg im Original betrachten.

Das Biegenviertel mit etwa 1.050 Bewohnern, einst oft überflutetes Lahn-Schwemmland, entstand kurz vor der vorletzten Jahrhundertwende nach Errichtung eines Hochwasserdamms. Damals protestierten zahlreiche Bürger gegen den Bau vierstöckiger Wohnhäuser in geschlossener Reihung, die sie als Verschandelung der Stadt ablehnten. Heute sind die Altbauwohnungen mit hohen Decken, sofern sie nicht von Freiberuflern und Gewerbetreibenden genutzt werden, bei studentischen Wohngemeinschaften beliebt. Über zwei Fußgängerstege geht es in Marburgs Neue Mitte zu den breiten Terrassenstufen vor der Mensa am Lahnufer. Hier erholen sich Studiosi von den Anstrengungen des streng strukturierten modernen Bologna-Studiums.

Biegenstraße als Kulturmeile: Kunsthalle (Gegenwartskunst), Cineplex, Capitol-Kino, Kunstmuseum, Erwin-Piscator-Haus mit Landestheater, Kulturladen KFZ, Tourismusbüro Stadt und Land Marburg, Restaurant bottega.

GIESSEN UND GIESSENER LAND

22

Burg Gleiberg
Burgstraße 90
35435 Wettenberg-
Krotdorf-Gleiberg
www.burg-gleiberg.de
www.vetzbergverein.de
www.duensberg-verein.de
www.gleibergfest.de

**Festival *Golden Oldies* –
Gemeinde Wettenberg**
Sorguesplatz 1–3
35435 Wettenberg
0641 8040
www.golden-oldies.de

Wo einst die Kelten siedelten
Gleiberg, Dünsberg, Vetzberg

Drei markante Berge hocken in der flachhügeligen Landschaft des Gießener Beckens, alle von Weitem sichtbar, sofern sie nicht gerade die Sicht aufeinander versperren. Früher fragte ich mich manchmal in jugendlicher Zerstreutheit, welche Erhebung nun welchem Namen zuzuordnen ist. Dabei ist es ganz einfach: Auf dem bewaldeten Dünsbergkegel erhebt sich ein Fernmeldeturm. Der Vetzberg streckt die Ruine seines Bergfrieds als mahnenden Zeigefinger gen Himmel. Auf dem Gleiberg breitet sich eine große Burganlage aus.

Der Dünsberg besteht aus Kieselschiefer und ist mit 497 Metern der höchste und historisch aufregendste Berg. Er war bereits in vorkeltischer Zeit besiedelt, wie Grabhügel und diverse Funde beweisen. Um 800 vor Christus entstanden Befestigungen, 500 Jahre später war der nun mit drei Ringwällen bewehrte Berg stark bewohnt. »Durch die Nutzung der Eisenvorkommen in der Region erlebte die keltische Bevölkerung eine Blütezeit«, berichtet Burgenhistoriker Michael Losse.

»Fridericus de Glichberga« und »Herimannus de Glizberge« werden laut Losse in Urkunden des 11. Jahrhunderts als Burggrafen von Gleiberg erwähnt. Die Oberburg der Anlage auf einem 308 Meter hohen Basaltkegel wurde 1646 im Hessischen Erbfolgekrieg zerstört, von ihr sind Ruinen, Fundamente und der runde Bergfried erhalten. Die jüngere Unterburg blieb weitgehend intakt. Bereits seit 1879 gehört Burg Gleiberg einem Verein, der in ihre Restaurierung seit den 1950er-Jahren 5,5 Millionen Euro investiert hat. Jeder darf Miteigentümer dieses Objekts, einer der ältesten hessischen Burgen, werden. Die frei begehbare Ruine auf dem Basaltkegel Vetzberg stammt aus der Zeit nach 1200. Gleiberg und Vetzberg stehen geologisch mit dem Vogelsberg in Verbindung, dem größten Basaltgebiet Europas, wie der Historiker und Geowissenschaftler Dr. Jürgen Leib berichtet.

Zum Festival Golden Oldies mit ca. 55 Livebands, 1.000 Oldtimern, 100 Nostalgieshops strömen etwa 70.000 Besucher am letzten Juliwochenende nach Wettenberg-Krofdorf-Gleiberg.

23

**Rilkes Ausflugsziel:
Hofgut Appenborn**
An der L3146
35466 Rabenau

Informationen Lumdatal:
**Tourismusverband
Lumdatal der Gemeinde
Rabenau**
Eichweg 14
35466 Rabenau-Londorf
06407 910950
www.gemeinde-rabenau.de

»UND DER PHLOX STEHT HOCH«
Auf Rilkes Spuren im Lumdatal

»Mein Leben, alles, was ich bin, ist durch Friedelhausen durchgegangen, wie ein ganzer Fluß durch die Wärme einer besonnten Gegend geht.« Diese Zeilen richtete Rainer Maria Rilke (1875–1926) an Luise Gräfin von Schwerin. In deren Schloss an der Lahn bei Lollar-Odenhausen hatte der rastlose Dichter im Sommer 1905 sechs Wochen lang geweilt, wobei ihm »herzlich heimatlich« zumute war. Lebenslang erhielt er sich eine nostalgisch gefärbte »Sehnsucht nach dem guten hessischen Land«. Im Herbst 1906 kehrte Rilke mit seiner Frau, der Worpsweder Bildhauerin Clara Westhoff, und Tochter Ruth nach Friedelhausen zurück, um die glücklichen Sommertage des Vorjahres einzufangen. Gräfin Luise war gestorben, die Rilkes zu Gast bei deren Tochter Gudrun Baronin von Uexküll.

Rilke äußerte sich schwärmerisch über »die fernen Ausblicke über helle Wiesen und den glänzenden Fluß«. – »Und schaut man auf, so sieht man eine Pappel flimmern vor blauer Luft«. Euphorisch beschreibt der Dichter auch seine Eindrücke bei Besuchen in Londorf an der Lumda und Appenborn, wo er »einen kleinen bäurisch-senioralen Herrenhof mit Freitreppe« vorfand. »Und der Phlox steht hoch neben den alten, zusammengezimmerten Apelbäumen und Georginen und Astern und Gladiolen …«

Rilke hatte fünf Vornamen und wurde René gerufen; Rainer Maria »taufte« ihn seine frühe Geliebte Lou Andreas-Salomé 1897. Meine Abitur-Deutschlehrerin Dr. Renate Scharffenberg (1924–2013), Lebensfreundin der Marburger Bibliothekarin und Rilke-Forscherin Dr. Ingeborg Schnack (1896–1997), nannte sich im Rilke-Forum (rilke.de), an dem sie sich noch in hohem Alter rege beteiligte, Renée. Sie liebte die Literatur, und vor allem liebte sie Rilkes Werk. Sie war eine freundliche, politisch und historisch scharfsichtige Frau, dabei bescheiden, allein durch ihr Vorbild für viele eine bedeutende Mentorin.

Der Burggarten in Rabenau-Londorf hat nicht nur schöne alte Bäume, sondern auch Biergarten, Minigolf, Spielplatz und Bouleanlage.

Hofgut Odenhausen an der Lumda
Einst Adelshof der Herren Nordeck zur Rabenau, soll das Hofgut das höchste freistehende und bewohnte Fachwerkhaus Hessens sein. Die Besitzer nutzen ihre Anlage kreativ: Dr. Gudrun Maecker führt das Hofgut-Theater Rabenau mit Sonntagsvorstellungen, ihre Tochter Danielle Pfeifer betreibt eine Sattlerei: www.hofgut-theater-rabenau.de, www.hofgut-sattlerei.de

24

Schloss und Hofgut Friedelhausen
35457 Lollar
06406 91650
www.friedelhausen.de

TUDORGOTIK AN DER LAHN
Schloss und Hofgut Friedelhausen

Rainer Maria Rilkes schwärmerische Erinnerung an das »stille, liebe Schloss« Friedelhausen, inmitten eines Parks an einer Uferböschung der Lahn gelegen, ist schwer vereinbar mit dem düsteren, dunkelgrauen Klotz im Stil englischer Gotik, der sogar an Sonnentagen trutzigstumm daliegt wie ein träges Walross. Ob es schön ist, sei dahingestellt, ein ungewöhnliches architektonisches Kleinod in Hessen stellt es allemal dar, schon seine Entstehungsgeschichte belegt das.

Der Abgeordnete Adalbert Freiherr von Nordeck zur Rabenau lernte 1848 in der Frankfurter Paulskirche die Engländerin Clara Philipps kennen, die als Korrespondentin der Londoner *Times* über das erste deutsche Parlament berichtete. Sie heirateten 1849 und errichteten an der Lahn ein neugotisches Tudorschloss aus Londorfer Lungstein. Dieser graue Basalt diente 100 Jahre später auch zur Restaurierung des Kölner Doms. Vier achteckige Türme eskortieren den an beiden Längsfassaden mit Altanen versehenen Bau, der ein zinnenverziertes Dach trägt. Die Innenräume wurden ebenfalls aufwendig gestaltet, das Treppenhaus mit außergewöhnlichem Dekor ausgemalt.

Das Paar bekam drei Kinder, Clara konnte ihr Schloss nur ein Jahrzehnt genießen, sie starb 1867. Rilkes verehrte Gräfin Luise war eine Tochter Claras und Adalberts. Heute bemüht sich Claras Ururenkel Christoph Graf von Schwerin erfolgreich, das Bauwerk im Originalzustand zu erhalten. Schlösser bedürfen permanenter baulicher Fürsorge. Mal wurde das Dach restauriert, mal die überwucherte Fassade vom Efeu befreit, mal die neugotischen Fenster frisch gekittet. Die Deutsche Stiftung Denkmalschutz und das hessische Landesamt für Denkmalpflege begleiten diese Projekte mit Fachwissen und Finanzspritzen. Das Schloss ist öffentlich nicht zugänglich, im Gegensatz zum benachbarten Hofgut Friedelhausen mit Gebäuden aus dem 16. Jahrhundert.

Eine sozialtherapeutische Gemeinschaft bewirtschaftet das Hofgut nach Demeter-Prinzipien; sie verkauft ihre Produkte im Hofladen und auf Wochenmärkten.

25

Schmelz-Mühle
im Salzbödetal
Schmelz 3
35457 Lollar-Salzböden
06406 3419
www.schmelz-muehle.de

WO MÜHLBÄCHE RAUSCHEN
Schmelz-Mühle im Salzbödetal

Westlich der Lahn zwischen Wenkbach und Lollar erstreckt sich das Salzbödetal, eine liebliche, ländliche Hügellandschaft mit viel Buchenwald, nordwestlich übergehend ins Hinterland. Früher führten unsere familiären Sonntagsausflüge manchmal ins Salzbödetal zum Spazierengehen oder zum Forellenessen in der dortigen Schmelz-Mühle. Uns Kinder faszinierte das in diese Wirtschaft integrierte, funktionstüchtige alte Wassermühlrad. Der Salzbödetal-Radweg führt von Odenhausen bis Bad Endbach im Lahn-Dill-Bergland an der Schmelz-Mühle vorbei, es ist ein idyllischer Abstecher vom Lahntalradweg. Kommt man von der anderen Seite, dringt man auf einer einsamen Straße tief in den Krofdorfer Forst vor, eines der größten zusammenhängenden hessischen Waldgebiete.

An Mühlen mangelt es nicht im Salzbödetal. Das Rad der Dammer Mühle klappert seit dem 13. Jahrhundert am rauschenden Bach, heute nach historischem Vorbild restauriert und dafür mit dem Denkmalschutzpreis ausgezeichnet. In Damm spülte die Salzböde bei Hochwasser einen Biberdamm aus vorgeschichtlicher Zeit frei. Die alte Mühle in Argenstein liegt an einem Seitenarm der Lahn mit Sicht auf ein breites Wehr, für Kanuten unbefahrbar, sie müssen ihr Boot umtragen. 500 Meter lahnaufwärts gleitet die Allna in die Lahn.

Die Besitzer der Eselsmühle in Lohra, einst Getreide- und Ölmühle, betreiben biologische Landwirtschaft mit Angusrinder-, Puten- und Pferdezucht, sind Direktvermarkter und erzeugen Strom (www.hof-eselsmuehle.de). Überhaupt findet man in der Gegend besonders viele Direktvermarkter. Gemüse und Obst aus biologischem Anbau, Honig, Kaffee und Naturkosmetik verkauft der Hofladen des Caspersch Hof (www.caspersch-hof.de). Der artgerechten Hühnerhaltung hat sich die Familie Jung mit ihren »Campinghühnern« verschrieben (www.camping-huehner.com).

Vor der alten Lahnbrücke in Fronhausen-Bellnhausen befindet sich die »Automatenhütte«: der erste automatische Hofladen Mittelhessens mit gekühlten Frischeprodukten rund um die Uhr.

26

Burg Staufenberg (Hotel)
Burggasse 10
35460 Staufenberg

»DIESER SOMMER KOMMT NIE ZURÜCK«
Burg und altes Dorf

Staufenberg auf einem Basaltfelsen, heute Stadt, damals in den 1940er-, 1950er-Jahren ein Dorf, das man nur über eine »mürrische Schotterstraße erreichen konnte«, ein Ort, »in dem man jede Kuh, jede Ziege, und die Hunde sowieso, die Katzen kannte«. Damals sah das Dorf »wie ein Adventskalender« aus. »Die Bevölkerung: Kleinbauern, Handwerker, Eisenhütten- und Ziegelei-Arbeiter, jeder mit seinem überkommenen Achtzehn-Stunden-Tag, um sich hungrig zum Krüppel zu arbeiten vor der Zeit.« Im Sommer zur Lahn zum Baden zu laufen, war für die Kinder einfach, weil es bergab ging, abends auf dem Heimweg jedoch »hat man den Eindruck, man stolpert fast den Rest seines Lebens bergauf«.

Wenn Peter Kurzeck (1943–2013), als dreijähriges Flüchtlingskind in Staufenberg bei Gießen gestrandet, in seiner unverkennbar oberhessischen Sprechmelodie mit rollendem R und dialektal stimmhaften Konsonanten – B, D, S statt P, T, S – im Hörbuch *Ein Sommer, der bleibt* vom Dorf seiner Jugend erzählt, bleibt die Zeit stehen. Schon als Kind spürte er einen Lebensauftrag, der ihn bedrängte, vor sich hertrieb wie eine träg voranschwankende Kuhherde, die in den Stall zum Melken gehen soll. Er wollte die Zeit festhalten, die vergehende Zeit(geschichte) in allen Details aufschreiben, damit nichts verloren geht von der Wirklichkeit. Das war seine Qual, sein 12-Bände-Projekt unter dem Motto »Das alte Jahrhundert«, abgesehen von Nebenbei-Büchern, geschrieben oder sprachgenial wie gedruckt erzählt. Kurzecks mündliche Live-Literatur wurde auf einigen Hörbüchern gespeichert, ein poetischer Redestrom, Meisterwerke der anachronistischen Gattung *Oral Literature*. Kurzeck, der später in Frankfurt am Main und Uzès im Languedoc lebte, hat viele Fans, darunter mich, die bei seinem plötzlichen Tod 2013 von tiefer Trauer erfasst wurden.

Staufenberg, die Nachbardörfer und der von den Industriespuren der »Hütt«, der Buderus'schen Eisenwerke, gezeichnete, seiner Ländlichkeit beraubte Ort Lollar verdanken dem Werk Kurzecks, des hessischen Marcel Proust, unverhoffte Bekanntheit. Dabei stehen sie stellvertretend für weitere, verschwundene Dörfer. Die Staufenberger Welt, wie Kurzeck sie mit allen Sinnen wahrnahm und in seinem fotografischen Gedächtnis bewahrte, existiert nicht mehr. Man riss Häuser ab, »damit die Leute im vierten Gang durchfahren können und nicht herunterschalten müssen«. Früher stand man am Hoftor, jeder Passant blieb zu einem Schwätzchen stehen und man kannte alle Autos. Sonntagnachmittags 1953 ging man auf der jedem Mittelhessen vertrauten B 3 spazieren, »die manchmal stundenlang still in der Sonne lag«. Man zählte die Autos und verglich sie mit der Anzahl vom vorigen Sonntag.

Noch in seinen späten Jahren hörte Kurzeck die Geräusche seiner Kindheit: »Uferschwalben, Lerchen, ein Hund bellt in der Ferne, eine Säge kreischt« und »wenn die Sensen gedengelt wurden, ein merkwürdiges Sommergeräusch, das hat man den ganzen Fluß entlang gehört«, im Herbst dann die Dreschmaschinen. Die Erinnerung umfasst auch das Gedächtnis der alten Leute seiner Kindheit, die »vor dem Franzosenkrieg«, also vor 1870, geboren wurden. Diese dachten nämlich an die B 3 als Allee zurück, »gepflastert in Blaubasaltsteinen«, auf denen ein besonderer Glanz lag.

Als Kind verbringt Kurzeck den Sommer an der Lahn, an Staufenbergs angestammter Badestelle, »auch mitten im Wald Richtung Marburg beim Schloss Friedelhausen, wo […] die Lahn sehr schnell fließt, sie beeilt sich, weil sie steile Ufer da hat«. Und »man weiß, dieser Sommer kommt nie zurück«. Staufenberg bildet den Ausgangspunkt seines Erzählens, selbst wenn Kurzeck in die Ferne schweift in dem Reisehörbuch *Unerwartet Marseille*. So wie alles aus Feder und Mund dieses Schriftstellers autobiografisch geprägt ist, so auch dieses Werk. Es enthält viel Komik, viel Hoffnung, gemeißelte Sätze, die man festhalten, nicht entschwinden lassen möchte. Besonders eindringlich ist eine Anekdote aus dem Sommer 1967, die der Live-Erzählung ihren Titel gab. Der 24-jährige Protagonist bringt an einem Wochenende Freunde nach Straßburg. Dann fährt er spontan weiter bis Marseille und muss nun telefonisch in der Firma seine Abwesenheit entschuldigen. Er kommt auf »die glorreiche Idee, ein Telegramm zu schicken, aber was schreibt man in so ein Telegramm?« Er schreibt

»Unerwartet Marseille, Rückkehr verhindert« und rechnet eigentlich mit seiner fristlosen Entlassung, nimmt sie in Kauf. Er reist sogar weiter nach Arles und Saintes-Maries-de-la-Mer, wo er die ersten Hippies trifft, schmiedet Pläne für ein arbeitsfreies Leben. Bedauerlicherweise behält er den Job.

Diese Episode lässt sich als Vorbotin der Entscheidung für die Berufs-Schriftstellerei deuten, die Kurzeck am 19. August 1971 trifft, einem magischen Datum, Geburtstag seiner verstorbenen Mutter. Zehn Jahre hat er »in der schlechtesten Zeit des Tages, abends, wenn du müde bist« geschrieben, bewusst nur für die Schublade. Diesmal schickt er kein Telegramm, sondern ruft an und erklärt, er werde nie mehr ins Büro kommen. »Seit ich fünf war, war die Zeit rationiert.« Er schreibt sein erstes Buch, jobbt stundenweise in einer Gießener Buchhandlung, durchlebt harte Zeiten, Armut, Hunger, wohnt zwischendurch in einer Abstellkammer.

Von 1988 bis 2013 erhält Peter Kurzeck 21 Literaturpreise und Stipendien. Der Büchner-Preis als höchste deutsche Literaturauszeichnung wäre ihm zu gönnen gewesen. Sein Lebenswerk bleibt unvollendet; seine Stimme jedoch murmelt weiter als Hintergrundmusik eines kollektiven Bewusstseinsstroms.

Staufenberg ernannte Peter Kurzeck zum Ehrenbürger, widmete ihm eine Plakette und eine Straße. Sein Grab liegt auf dem Frankfurter Hauptfriedhof.

27

Oberhessisches Museum
(Schloss, Leib'sches Haus,
Wallenfels'sches Haus)
Brandplatz
Georg-Schlosser-Straße
Kirchenplatz
35390 Gießen
0641 9609730

**Touristeninformation
Gießen**
Schulstraße 4
35390 Gießen
0641 3061890
www.giessen-entdecken.de

OBERHESSEN LEBT IN DEN MUSEEN WEITER
Oberhessisches Museum

Der Landschaftsbegriff »Oberhessen«, einst Bezeichnung für eine Provinz des Großherzogtums Hessen-Darmstadt, eingegrenzt durch die Flüsse Kinzig, Fulda, Lahn und Dill, ist aus der Mode gekommen. Schade eigentlich, denn nun gibt es keine verbindende Bezeichnung mehr für das nordöstliche Hinterland Frankfurts. Gießen war Provinzhauptstadt Oberhessens. Im Namen des Oberhessischen Museums blieb die Benennung erhalten. Das Museum hat drei Standorte: im wiederaufgebauten Alten Schloss (Gemäldegalerie, Kunsthandwerk, Möbel, Münzen, Fayencen), im restaurierten Fachwerkgebäude Leib'sches Haus (Stadtgeschichte, Volkskunde) und im Wallenfels'schen Haus (Vor- und Frühgeschichte, Archäologie). Die letztgenannten Häuser liegen am Kirchenplatz und gehörten zur früheren Gießener Burg von 1150. Diese Gebäude, auch der Turm der Stadtkirche, das Zeughaus und die Marktlauben lassen ein wenig vom Vorkriegs-Gießen erahnen.

Die Universitätsstadt wurde zu zwei Dritteln zerstört, bleibt erkennbar ein Invalide mit Narben und Prothesen. Die Sammlungen des 1879 eröffneten Oberhessischen Museums jedoch schändeten Gießener Bürger: 1933 räumte die SA das Neue Schloss und verfrachtete die wertvolle Sammlung von Kunstwerken und Militaria »einfach auf die Straße«, wie der städtische Museumsführer berichtet.

Gießen ging als Hochburg des Nationalsozialismus in die Heimatkunde ein. Der Antisemitismus war sehr früh, schon seit Ende des 19. Jahrhunderts, ausgeprägt und gewalttätig, eine Tatsache, die die Arbeitsgemeinschaft *Alemannia Judaica* mit historischen Quellen belegt. Von mehr als 1.000 jüdischen Bürgern im Jahr 1925, darunter Ärzte, Professoren, Lehrer, Handwerker, Fabrikanten und Bankdirektoren samt Familien, waren bis Kriegsende alle emigriert, deportiert, ermordet. Die Aktion *Stolpersteine* fand in Gießen viele Einsatzgebiete.

Wer Freude an hessischer Malerei hat, findet im Museum wunderbare Exponate aus der Malerschule Willingshausen, aber auch von Wegbereitern der Moderne.

28

Bronzekopf Georg Büchners
von Karl-Henning Seemann
Kanzleiberg
35390 Gießen

REBELLEN UNTER SICH
Georg-Büchner-Büste am Kanzleiberg

»Georg Büchner – ein Staatsfeind! ein verjagter Umstürzler! ein verreckter Aufrührer!« Mit diesen Worten beschreibt Liedermacher und Lyriker Wolf Biermann 1991 in seiner Dankesrede zur Verleihung des Büchner-Preises der Deutschen Akademie für Sprache und Dichtung den namensgebenden Schriftsteller. Der höchstdotierte Literaturpreis Deutschlands ist einem politischen Rebell des Biedermeier gewidmet, dessen Agitationsschrift *Der Hessische Landbote*, entstanden in Gießen 1834, Sätze wie diesen enthält: »Das Leben der Vornehmen ist ein langer Sonntag […] Das Volk aber liegt vor ihnen wie Dünger auf dem Acker.« Doch geht es nicht nur um Politik. »Mit Büchner beginnt die moderne deutsche Literatur.« O-Ton Marcel Reich-Ranicki. Büchner (1813–1837) war dem Zeitgeist weit voraus, ein Vorreiter der sozialkritischen Literatur.

Die Stadt Gießen feiert den Dichter, der sie als »abscheulich« empfand, ihr und der Landschaft um sie herum »eine hohle Mittelmäßigkeit« attestierte, unbeirrt mit Ausstellungen, Lesungen, Bühnenfesten und Vorträgen. Begeistert von der Französischen Revolution, der Metropole Straßburg und seiner Braut nachtrauernd, kam der 20-jährige Büchner missmutig im unterentwickelten Oberhessen an. Denn sein Medizinstudium musste er in Hessen abschließen – Befehl des Vaters, Gesetz des Landesherrn.

In Gießen gründet das junge Genie eine *Gesellschaft der Menschenrechte*. Er ergreift die Flucht, als der Student Karl Minnigerode am Selterstor festgenommen wird, beim Versuch, 100 Exemplare des *Landboten* (in die Stiefel gestopft und eingenäht in den Mantel) nach Gießen zu bringen. Der Verhaftungswelle in Hessen entkommt Büchner nach Straßburg und findet Asyl in Zürich, wo er im Februar 1837 an Typhus und, darüber sind sich die Forscher einig, an Enttäuschung und Bitternis stirbt, während in Deutschland noch nach ihm gefahndet wird.

Gießen widmet den revolutionären Vordenkern Georg Büchner, Ludwig Börne, Carl Vogt und Wilhelm Liebknecht am Kanzleiplatz ein *Denkmal der politischen Innovationen*.

29

Die Muse Thalia auf dem
Stadttheater Gießen
Berliner Platz
35390 Gießen
0641 79570
www.stadttheater-
giessen.de

DER BÜRGER MUSENTEMPEL
Stadttheater

»Denn aus der Kräfte schön vereintem Streben erhebt sich wirkend erst das wahre Leben.« Schillers Verse am Portalgiebel des Stadttheaters passen in die Zeit der Klassikervergötterung um die vorletzte Jahrhundertwende. Der Zusatz »Ein Denkmal bürgerlichen Gemeinsinns« verweist auf die Geschichte des 1907 eingeweihten Schauspielhauses. Gießener Bürger hatten zwei Drittel der Bausumme für das repräsentative Theatergebäude gespendet. Den Theaterverein, der das Projekt vorantrieb, gab es bereits seit 1890. Damals wurde er aus aktuellem Anlass gegründet: Erbgroßherzog Ernst Ludwig von Hessen-Darmstadt verbrachte das Wintersemester 1891 an der Ludovicianischen Universität Gießen, um sein Jurastudium abzuschließen. Man wollte dem künftigen Landesherrn kulturell etwas bieten und gründete den Theaterverein.

Das Bühnenhaus im klassizistischen Jugendstil am Berliner Platz, dem der Schüler'sche Familienbesitz und Garten weichen mussten, ist eines der wenigen erhaltenen historischen Theatergebäude Hessens. Architektonische Alleinstellung darf es allerdings nicht für sich beanspruchen – seine Wiener Architekten Fellner & Helmer waren auf Theaterbau spezialisiert und realisierten zwischen 1890 und 1930 in Europa mehr als 50 Theaterhäuser. Der Gießener Entwurf wurde im böhmischen Gablonz, in Baden bei Wien und in Klagenfurt kaum verändert wiederverwendet. Das führte zu kuriosen Erlebnissen. So wird kolportiert, dass in den 1920er- und 1930er-Jahren gelegentlich ein gastierender Schauspieler aus Gablonz oder eine Sopranistin aus Klagenfurt in Gießen auftauchte und mit traumwandlerischer Sicherheit ohne weiteren Erklärungsbedarf die verschlungenen Wege zur Bühne und zur Garderobe fand. Es gäbe noch viel zu erzählen aus der ereignisreichen Theatergeschichte Gießens; kurzweilig berichten darüber die Festschriften diverser Jubiläen.

Große und Kleine kommen beim *Kultursommer Mittelhessen* (www.kultursommer-mittelhessen.de) auf ihre Kosten: Mehr als 100 künstlerische Events von Rang zwischen Mitte Juni und Ende September an besonderen Spielorten, zum Beispiel Burgen und Kasematten.

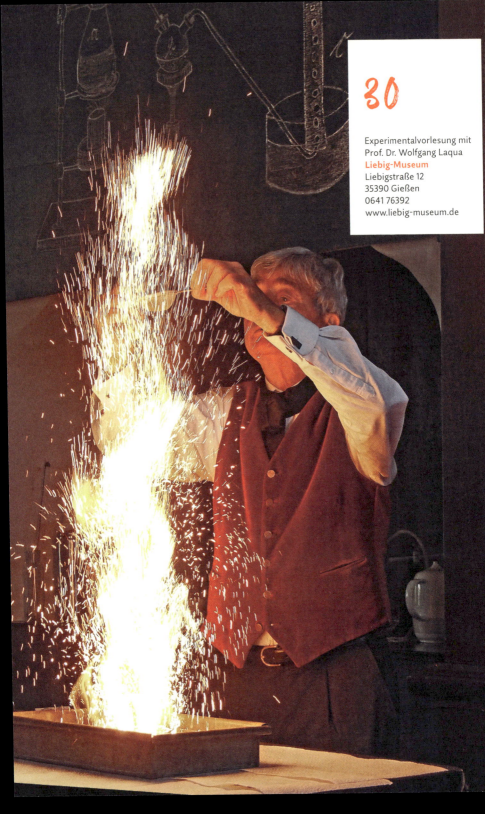

30

Experimentalvorlesung mit
Prof. Dr. Wolfgang Laqua
Liebig-Museum
Liebigstraße 12
35390 Gießen
0641 76392
www.liebig-museum.de

DER DAS BACKPULVER ERFAND
Liebig-Museum

Es dampft, brodelt, knallt und stinkt, wenn Professor Dr. Wolfgang Laqua eine seiner historischen Experimentalvorlesungen im alten Hörsaal des Liebig-Museums hält. Der emeritierte Wissenschaftler erweist sich als wahrer Nachfahre im Geiste des geadelten Pioniers Justus Liebig (1803–1873). Dessen *Chemische Briefe*, ursprünglich Zeitungskolumnen, erklären gut verständlich die Errungenschaften der Chemie für Medizin, Landwirtschaft, Ernährung, Lebenshaltung, Industrie.

Justus Liebig hatte sich mit 16 Jahren das chemische Wissen seiner Zeit vollständig angeeignet. Den 21-jährigen Liebig setzte Großherzog Ludwig I. von Hessen aufgrund einer Empfehlung durch Alexander von Humboldt, vorbei an Regularien und ohne Abitur, als außerordentlichen Professor ein. Liebig blieb 28 Jahre und verhalf der Gießener Universität zu internationalem Ansehen; dann warb ihn Bayernkönig Maximilian II. nach München ab.

Liebig gelang es, Chemie als exakte Naturwissenschaft auf der Basis von Experimentalforschung zu begründen. 44 Nobelpreisträger kamen aus seiner Schule; das große Geld machten andere mit seinen Entdeckungen. Seine mineralische Düngerlehre etwa war weltweit bahnbrechend für die Landwirtschaft. Liebig erfand zufällig den Silberspiegel, allerdings beherrschten noch 25 Jahre lang Amalgamspiegel den Markt, an deren Herstellung mit giftigem Quecksilber viele Heimarbeiter qualvoll starben. Er erfand künstliche Muttermilch, von Henri Nestlé als Nestlé Kindermehl vermarktet. Mit Backpulver experimentierte der Chemiker, um während einer Hungersnot die Brotherstellung für Soldaten und Bevölkerung zu verbessern. Sein Schüler Horsford verdiente damit in den USA Millionen, und August Oetker verhalf 1891 dem Backpulver mit Portionstütchen zum Siegeszug in Deutschland. Nur *Liebig Fleischextrakt* nützte Liebig selbst wirtschaftlich.

Das Mathematikum neben dem Liebig-Museum ist ein Mitmachmuseum für Erwachsene und Kinder ab vier Jahren, das 150.000 Besucher jährlich anzieht (www.mathematikum.de).

81

Alter Friedhof
Haupteingang:
Licher Straße
35394 Gießen

Botanischer Garten
Haupteingang:
Sonnenstraße
35390 Gießen

GRÜNE CITY
Alter Friedhof und Botanischer Garten

Gießen als grüne Stadt zu bezeichnen, löst leicht ungläubige Blicke aus, vor allem bei Besuchern aus dem Umland, die in Hessens viertgrößter Einkaufsstadt vorrangig die Shoppingmeile Seltersweg kennen und das hässliche »Elefantenklo« für Gießens wahres Wahrzeichen halten. Die Betonfußgängerbrücke aus den 1960er-Jahren, liebevoll als »E-Klo« tituliert, erhielt ihren Spitznamen wegen ihrer Unförmigkeit und wegen der drei großen Löcher, durch die man auf den Autoverkehr der Westanlage herabblicken kann.

Nichtsdestotrotz ist Gießen eine grüne Stadt, nicht erst seit man anlässlich der Landesgartenschau 2014 die Lahnufer, die Wieseckaue und die Wege zwischen den zahlreichen Kleingärten erheblich aufgewertet hat. Auf einer Fläche von drei Hektar befindet sich mitten in der City der älteste botanische Universitätsgarten Europas an originärem Platz. Ab 1609, zwei Jahre nach Gründung der Universität, gestalteten Botaniker den Park zunächst als Heilpflanzengarten. Gegen die Pestepidemie von 1634 wuchs dort allerdings kein Kraut, die Seuche raffte etwa 1.200 Menschen dahin, ein Drittel der Bevölkerung. Die frei zugängliche grüne Lunge mit 7.500 Pflanzenarten dient der Lehre und als Oase der Erholung.

Älter und größer ist das Parkdenkmal Alter Friedhof an der Licher Straße, 1530 angelegt, mit Grabstätten, deren Inschriften und Verzierungen Gießener Bürgergeschichte(n) erzählen, mit seit 1836 integriertem jüdischen Friedhof. Die Friedhofskapelle ist eine monumentale Fachwerkkirche mit wertvollen Grabplatten an den Wänden. Im Abschnitt XV befindet sich das Grab des ersten Physik-Nobelpreisträgers Wilhelm Conrad Röntgen (1845–1923), seiner Eltern und seiner Frau Berta. Röntgen war zehn Jahre lang Professor in Gießen, übrigens als Nachfolger von Heinrich Buff, dem Neffen von Goethes Lotte in Wetzlar, von der noch die Rede sein wird.

Am Klinkelschen Wehr in der Bootshausstraße kann man durch das *Lahn-Fenster* Fische beobachten, die lahnaufwärts zum Laichen über die Fischtreppe wandern.

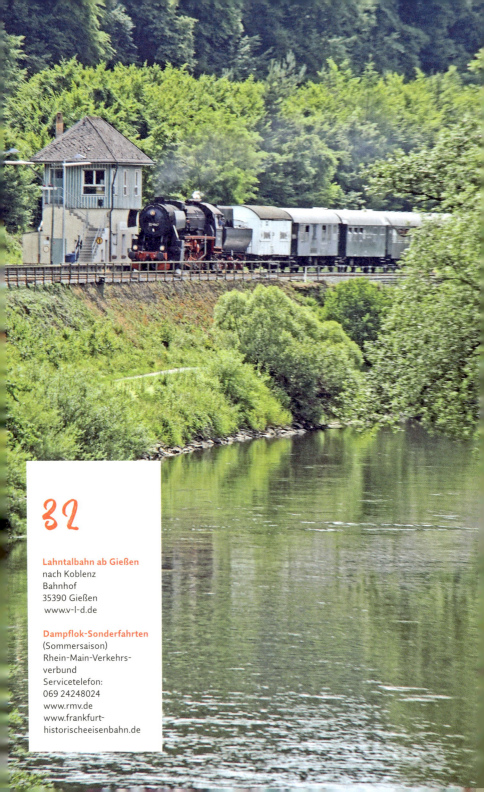

32

Lahntalbahn ab Gießen
nach Koblenz
Bahnhof
35390 Gießen
www.v-l-d.de

Dampflok-Sonderfahrten
(Sommersaison)
Rhein-Main-Verkehrs-
verbund
Servicetelefon:
069 24248024
www.rmv.de
www.frankfurt-
historischeeisenbahn.de

PER DAMPFBAHN DURCHS LAHNTAL
Die Lahntalbahn Richtung Koblenz

Sybil Gräfin Schönfeldt berichtet in ihren Erinnerungen, im »berühmten Kurbad« Nassau habe einst der D-Zug Paris–Berlin–Warschau gehalten. Der Prospekt *Preußische Staatsbäder* von 1936 bestätigt dies, ihm zufolge gab es Kurswagen von Berlin, Paris, Luxemburg und Trier. Die erste Bahnstrecke die Lahn entlang von Oberlahnstein nach Ems wurde 1858 zu Zeiten des Herzogtums Nassau in Betrieb genommen. 1866 übernahm die Königliche Eisenbahndirektion die Lahntalbahn, mit der sich die Kanonenbahn-Strecke Berlin–Metz schließen ließ, militärstrategisch wichtig, um das Reichsland Elsass-Lothringen anzubinden.

1884 verkehrten 15 Güterzüge am Tag, davon zehn bis zwölf mit Erztransporten. Auch Lahnmarmor, Vieh, Heilwasser, Holz wurde auf Schienen aus dem Lahntal herausgebracht. Der Bahnbau kurbelte die regionale Wirtschaft an, Bauarbeiter und Eisenbahner waren gesucht. 1860 waren allein im Bahnhof Ems 27 Bahn- und Weichenwärter beschäftigt, zusätzlich zu Lokführern, Heizern, Schaffnern, Bahnhofsvorstehern. 1882 arbeiteten im Bahnwerk Limburg, der zentralen Wartungswerkstatt, 200 Leute.

Der Personenverkehr beförderte zunächst nur wohlhabende Kurgäste. Um 1900 legte das einfache Volk noch weite Strecken zu Fuß zurück, zum Beispiel von Ems nach Koblenz. Heute verkehrt alle zwei Stunden ein Regionalexpress RE in einer Stunde 43 Minuten von Gießen nach Koblenz und hält in Wetzlar, Weilburg, Limburg, Diez, Nassau, Bad Ems, Niederlahnstein. Die Regionalbahn RB fährt öfter, allerdings muss man in Limburg umsteigen und benötigt fast drei Stunden. Dafür stoppt sie auch in Friedrichssegen, Nievern, Dausenau, Obernhof, Laurenburg, Balduinstein, Fachingen und – abgesehen von Weilburg und Wetzlar – 14 weitere Male zwischen Limburg und Gießen. Paradiesische Möglichkeiten für Reisende auf dem Lahntalradweg!

Von Frankfurt aus finden gelegentlich Sonderfahrten mit Dampflokomotiven statt, Zustieg auch auf der Lahntalstrecke.

Wasserski- und Wakeboard-Zentrum Heuchelheim
(Sommersaison)
Lahnparkstraße
35452 Heuchelheim
0641 6868888
www.wasserski-heuchelheim.de

Seepark Hot Sport
Sportschulen
Am Weimarer See 10
35096 Weimar-Niederweimar
06421 972370
www.seepark.hotsport.de

WASSERSPORT IN HESSENS MITTE
Badeseen im Gießener Land

Mittelhessen ist arm an natürlichen Seen, bis auf ein paar Teiche und schwimmtaugliche Pfützen sind Wassersportler auf künstlich entstandene Plätscherflächen angewiesen. Wer hier lebt, wird für die durch industrielle Zersiedelung geschundene Landschaft seiner Heimat mit einer beachtlichen Auswahl an Freizeitseen entschädigt: Dutenhofener See, Heuchelheimer Südsee, Surfsee und Silbersee, Launsbacher Seen, Wißmarer See zwischen Wettenberg und Lollar. Das Gebiet entlang der Lahn zwischen Heuchelheim, Atzbach und Dutenhofen sollte eigentlich komplett ausgekiest werden. Pläne für ein olympiataugliches Wassersportzentrum mit Ruderregattastrecke lagen in den Gemeindeschubladen und wurden wohl nur deshalb nicht realisiert, weil der Zeitgeist Ende des 20. Jahrhunderts Naturschutzinteressen freundlicher bewertete als zuvor.

Es kann Jahrzehnte dauern, bis genügend Kies, Schotter und Sand ausgebaggert sind und Freizeitversprechen an die Bevölkerung eingelöst werden. Als meine Familie 1970 nach Niederweimar zwischen Marburg und Gießen kam, freuten wir Kinder uns auf den großen Badesee, der »bald« vor dem Dorf liegen werde. Man müsse ihn nur noch fertig auskiesen. Bis das Versprechen eingelöst und der 14 Meter tiefe Baggersee zum friedlichen Baden freigegeben war, vergingen noch 12 Jahre. Der mittlerweile dort boomende Hot Sport Seepark mit Wasserskianlage, Beachvolleyball, Sandstrand und Halligalli hat mit der früheren Idylle nichts mehr zu tun. Wenn das Gelände schwarz vor Menschen ist, rät der Hessische Rundfunk, besser Niederweimar fern und auf Balkonien zu bleiben.

Auf Höhe des Dutenhofener Sees an der ehemaligen preußisch-hessischen Grenze wurde 1894 der Nullpunkt der Lahn-Kilometrierung festgelegt. Der Fluss wird im oberen Verlauf im Minus gemessen. Die Bundeswasserstraße beginnt bei -11,075 am Badenburger Wehr.

In der Nähe: eine romantische Gartenanlage von 1880 (Rodheim-Bieber, www.gailscherpark.de) und das *Holz+Technik Museum* (Wißmar, www.holztechnikmuseum.de).

84

Kameramuseum Heuchelheim
Wilhelmstraße 36
35452 Heuchelheim
www.kameramuseum-heuchelheim.de

DIE SPIONAGEKAMERA MINOX
Kameramuseum

Kleiner als eine Zigarre, leichter als ein Feuerzeug, bedienungsfreundlich, robust, mechanisch einwandfrei. Sie besteht aus 175 Einzelteilen und wurde in bis zu 1.000 Arbeitsschritten von Feinmechanikern und Uhrmachern gefertigt. Kaum ein optisches Präzisionsinstrument des 20. Jahrhunderts hat solche Furore gemacht wie die Westentaschenkamera Minox, die der deutsch-baltische Fotolaborant Walter Zapp (1905–2003) als erste Kleinstbildkamera der Fotogeschichte erfand. Die Ur-Minox mit dem Negativformat 8 x 11 Millimeter ging 1938 in Riga in Serie und verkaufte sich im ersten Jahr 17.000-mal. Nach dem Krieg gründete Zapp Minox neu, erst mit Sitz in Wetzlar, ab 1948 dann in Heuchelheim mit der Zigarrenfabrik Rinn & Cloos als Teilhaber. Allerdings war man sich bald uneinig, Zapp verließ das Unternehmen 1950, das stetig wuchs und 1978 rund 1.000 Mitarbeiter beschäftigte.

Die *Minox A* maß 7,8, ausgezogen 10,2 Zentimeter und wurde zum begehrten Handwerkszeug von Spionen auf beiden Seiten des Eisernen Vorhangs, »das einzige Einsatzgebiet, an das ich trotz Faustgröße der Kamera nie gedacht hatte«, zitiert der Fotograf Siegfried Jaedike, selbst langjähriger Minox-Mitarbeiter, den Erfinder Zapp. Die James-Bond-Filme brachten dem Miniapparat Weltruhm. Dennoch musste Minox 1988 Konkurs anmelden, produzierte in bescheidenem Umfang bis 1996. Seit 2005 firmiert Minox wieder neu in Wetzlar.

Dass die Minoxgeschichte nicht in Vergessenheit gerät, dafür sorgt Siegfried Jaedike. In einem ehemaligen Backhaus betreut er ein Kameramuseum mit 2.500 Exponaten. Da stehen eine Holzkamera mit einem wertvollen Objektiv *Voigtländer Petzval 1851*. Eine AGFA-Box für Rollfilm von 1895, Kleinbild- und Spiegelreflex-Kameras der Marken Minox, Leica, Rollei, Zeiss-Objektive, eine komplett eingerichtete Dunkelkammer. Ein Paradies für Foto- und Filmfreunde.

Vom Bauerndorf zum Industriestandort: Heuchelheimer Geschichte veranschaulicht das außergewöhnlich schöne Heimatmuseum im restaurierten Bahnhof Kinzenbach (www.heimatmuseum-heuchelheim.de).

35

Römisches Forum Waldgirmes
Seitenstraße der
Naunheimer Straße
35633 Lahnau-Waldgirmes
www.roemerforum-lahnau.de

GERMANISCHES ROM IM LAHNTAL
Römisches Forum Waldgirmes

Ein lebensgroßer, filigran gemeißelter und vergoldeter bronzener Pferdekopf und der Fuß eines Reiters gehören zu den spektakulärsten Funden, die Archäologen bei einer Brunnengrabung im zur Großgemeinde Lahnau gehörenden Dorf Waldgirmes entdeckten. Es handelt sich um Teile eines römischen Reiterstandbildes. Der Fund kam nicht von ungefähr: Seit Anfang der 1990er-Jahre ist bekannt, dass sich unter den Wiesen und Äckern von Waldgirmes historisch Sensationelles befindet. Nach den ersten Zufallsfunden und Grabungen glaubte man, auf ein römisches Militärlager gestoßen zu sein, immerhin auf germanischem Gebiet, und das wäre ungewöhnlich genug. Die wertvollen Gegenstände, darunter auch germanische Keramik, und die Fundamente eines Gebäudeensembles mit einer Fläche von 2.200 Quadratmetern verwiesen jedoch auf ein Vorhaben in größeren Dimensionen. Ein Militärlager hätte etwa keine Säulenhallen benötigt, die man in Rom vor allem für repräsentative Zwecke errichtete, um Macht und Reichtum zu demonstrieren, um Ehrfurcht und Respekt zu heischen.

Archäologen identifizierten die Anlage in Waldgirmes als römisches Forum, wie sie eigentlich nur in Städten existierten. Inzwischen deutet alles darauf hin, dass das römische Waldgirmes im dritten Jahrhundert vor Christus angelegt wurde und »damit die älteste römische Stadt in der Germania Magna, also östlich des Rheins, und vielleicht als Hauptstadt einer neuen Provinz geplant gewesen sein könnte«.

Nachdem Varus 9 nach Christus mit seinen Legionen in der Hermannsschlacht im Teutoburger Wald, wie jedes Schulkind lernt, vernichtend geschlagen worden war, ließen die Römer ihre Träume von einer germanischen Provinz fahren und verließen den Schauplatz Waldgirmes. Seit 2020 lädt auch das Besucherzentrum nach Waldgirmes ein, realisiert als Gemeinschaftswerk der Gemeinde Lahnau und des Lahn-Dill-Kreises mit Hilfe von EU-Geldern und Spenden.

Weiter nördlich im Lahntal entsteht bei Niederweimar das Archäologische Freilichtmuseum *Zeiteninsel* (www.zeiteninsel.de).

Wetzlar und Solms-Braunfelser Land

36

Lahnpark/Lahnauen
zwischen Atzbach
und Dutenhofen.
35582 Wetzlar

Informationen:
Stadt Wetzlar
Ernst-Leitz-Straße 30
35578 Wetzlar
06441 996112
www.lahnpark-
mittelhessen.de

DURCH DIE LAHNAUEN SPAZIEREN
Lahnpark Naturraum Lahnauen

Meine erste Rostlaube erhielt 1976 das Kennzeichen WZ-HE 77. Auf meinem zweiten Auto, einem schneeweißen Käfer mit roten Sitzen, prangte 1977 ein dickes L. Leipzig? Weit gefehlt. Zwölf Jahre vor dem Mauerfall traf die hessische SPD-Landesregierung eine gewagte Entscheidung im Kielwasser der allgemeinen Gebietsreform. Die 13 Kilometer voneinander entfernten Lahnstädte Gießen und Wetzlar wurden vereint zu einer großflächigen Stadt Lahn. Allerdings hatten die Politiker in Wiesbaden ihre Rechnung ohne die »Plasterschisser« und »Schlammbeiser« gemacht, die sich mehrheitlich in ihrer Empörung einig waren. Vor allem die bodenständigen Wetzlarer entwickelten sich zu Gewohnheits-Demonstranten, bis der Ministerpräsident infolge einer empfindlichen Wahlschlappe den »Lahnstadt-Spuk« nach 31 Monaten beendete. Das L-Autokennzeichen blieb Wetzlar und dem Lahn-Dill-Kreis erhalten – bis zur Wiedervereinigung, dann kam Leipzig zum Zug, Wetzlar stieg ab auf LDK.

Die Städte-Ehe hätte dem Schutz der ökologisch wertvollen Auenlandschaft zwischen Gießen und Wetzlar womöglich gutgetan. Das Lahn-Ufergebiet mit amphibisch, also teils im Wasser, teils an Land lebenden Tieren und Pflanzen erhielt seine heutige Gestalt nicht zuletzt durch den Kiesabbau. Heute ist die Lahnaue zwischen Atzbach, Dutenhofen und Heuchelheim eines der größten Naturschutzgebiete Hessens. 250 Brut- und Rastvogelarten wurden gesichtet, darunter vom Aussterben bedrohte wie Wachtelkönig und Kiebitz. Naturnahe Gewässer, nährstoffarme Wiesen, Auenwälder mit Totholz, Höhlenbäume sollen die biologische Vielfalt erhalten.

Der Interessenausgleich zwischen den Naturschützern, Touristikern und Bürgerinitiativen verläuft, gelinde gesagt, schleppend. An der Freizeitfront bekämpfen sich derweil Hundehalter, Vogelfreunde, Landwirte, Ausflügler, Spaziergänger – zuweilen tätlich.

Die Parlamente Wetzlar, Gießen, Lahnau, Heuchelheim bündelten mit der Lahnpark GmbH Naturschutz, Naherholung und sanften Tourismus unter einem Dach.

37

Stadt- und Industriemuseum
Lottestraße 8–10
35578 Wetzlar
06441 994140

FACHWERK UND INDUSTRIE VEREINT
Stadt- und Industriemuseum

Als Goethestadt und Domstadt hat Wetzlar einen Ruf zu verteidigen. Besucher werden gezielt in die »gute Stube« gelotst – die gepflasterten Gassen, Plätze und Treppchen hinter der siebenbogigen steinernen Lahnbrücke, eine verwinkelte Altstadt mit bunten Fachwerkhäusern in Hanglage. Alles schön und doch schief. Von Weilburg kommend, nahm man Wetzlar lange als hessisches Ruhrgebiet wahr. Dies hat mit der Geschichte der Eisenerzgewinnung, -verhüttung und -verarbeitung zu tun. 1869 wurden im Stadtgebiet mehr als 100 Erzbergwerke betrieben, von 1872 bis 1981 erzeugten Buderus-Hochöfen hier flüssiges Eisen. »Die Chemisch« hieß das Viertel hinter der Hermannsteiner Straße, an deren Rand sich bis vor Kurzem ein gewaltiger Schlammberg türmte. Im Krieg befand sich darin sogar ein Luftschutz-Hohlraum, später spielten Kinder auf der mit Abfall aus der Schwefelsäureproduktion von vor 150 Jahren kontaminierten Halde.

Der Bergbau erschöpfte sich in den 1920ern, die Metallverarbeitung jedoch gehört bis heute zu den wichtigsten Arbeitgebern und Markenproduzenten. Firmennamen wie Buderus Edelstahl, Bosch Thermotechnik und Duktus Rohrsysteme klingen dem Stadtkämmerer lieblich. Nun geht der Trend hin zu besserer Luft im Stadtgebiet: Auf der Industriebrache von *HeidelbergCement* (zuvor Buderus) eröffnete Ikea ein Möbelhaus. Das zweite wirtschaftliche Standbein Wetzlars entwickelte sich aus dem Optischen Institut von Carl Kellner, später von Ernst Leitz übernommen, und aus der optischen Werkstatt von Moritz Hensoldt, der Fernrohre, astronomische Geräte und Mikroskope produzierte. Ihre Nachfahren heißen Carl Zeiss Sports Optics, Carl Zeiss SMT, Leica Microsystems, Leica Camera AG. Wetzlar, international als wichtiges Technologiezentrum respektiert, lebt gut von den drei Branchen Optik, Elektronik und Mechanik.

Das Neue Rathaus residiert im denkmalgeschützten einstigen Empfangsgebäude der Firma Leitz, 1954–57 im Stil der Moderne errichtet.

38

Ur-Modell der Leica
von Oskar Barnack, 1914
Frontansicht in Hochkant-
Stellung

Leica Erlebniswelt
Leitz-Park
Am Leitz-Park 5
35578 Wetzlar
06441 20800
www.leitz-park-wetzlar.de
www.leica-camera.com

KULTKAMERA LEICA
Leica-Erlebniswelt im Leitz-Park

Leica: Kameralegende, Kultmarke. Ihre über 100-jährige Geschichte ist untrennbar mit der Stadt Wetzlar verbunden. Der Mechaniker Carl Kellner (1826–855) legte den Grundstein für die optische Industrie in Wetzlar. Er erfand eine Linsenkombination für Mikroskope, das *Kellner-Okular*. Ernst Leitz I. (1843–1920) übernahm 1869 von Kellners Witwe die Werkstätte; zur Jahrhundertwende war Leitz mit 400 Mitarbeitern größter Hersteller von Mikroskopen. 1914 baute der Feinmechaniker Oskar Barnack (1879–1936) das Ur-Modell einer Kleinbildkamera für 35-Millimeter-Kinofilm. Barnack, der die Versuchsabteilung der mechanischen Werkstatt bei Leitz leitete, fotografierte gern, litt aber an Asthma und tat sich im wörtlichen Sinne schwer mit der Ausrüstung.

Dank Ernst Leitz II. (1871–1956), der dieses Wagnis trotz schwieriger Wirtschaftslage einging, wurde die Leica-Kamera 1925 auf der Leipziger Frühjahrsmesse eingeführt, ab da seriell produziert. An dieser Stelle kommt Max Berek (1886–1949) ins Spiel, dessen Objektiv-Konstruktionen maßgeblich zur Erfolgsgeschichte der Leica beitrugen.

Das ab 1954 verkaufte handliche *Leica M-System* revolutionierte die Pressefotografie, die Streetfotografie, die Subjektive Fotografie und begründete den legendären Charakter des Leica-Fotoapparats. Die größten Fotografen des 20. und 21. Jahrhunderts verbeugen sich vor der Leica, sie gilt vielen als Maß schlechthin – dafür hat das Hochleistungsprodukt seinen stolzen Preis. Trotzdem stand die *Leica Camera AG* als letzter Kamerahersteller Europas, der noch dazu in Kleinserien produziert, 2006 vor der Insolvenz. Die Marke, den Imagewert, das Know-how – all das rettete der Investor Andreas Kaufmann, der auf einem Hügel über der Stadt für 65 Millionen Euro ein Gebäude in Form eines Objektivs und eines Fernglases baute, in dem nun 650 Mitarbeiter tüfteln.

Die Leica-Erlebniswelt hat täglich geöffnet: Galerie, Museum, Store, Akademie, Café. 14 optisch-feinmechanische Firmen gründeten das Technikmuseum *Viseum (www.viseum-wetzlar.de)*.

39

Hauptwache am
Domplatz
35578 Wetzlar

Touristeninformation
Domplatz 8
35578 Wetzlar
06441 997755
www.wetzlar.de

WO DER PIKENIER WACHT
Dom und Domplatz

Um 1350 kollabierte das wohlhabende Handwerks- und Handelszentrum Wetzlar wirtschaftlich und verfiel, zeitweise zwangsverwaltet, in einen 300-jährigen Schlaf, bis 1690 das Reichskammergericht von Speyer nach Wetzlar umzog und bis wiederum 200 Jahre später die Industrialisierung erneut Aufschwung brachte.

Vom Auf und Ab der städtischen Finanzen zeugt der unvollendete Dom, an dessen Bau sich seit 1230 bis nach 1945 einige Architektengenerationen verewigten und der als älteste Simultankirche Deutschlands für Katholiken und Protestanten gilt. In der frühgotischen Bauphase orientierte man sich am Limburger Dom und an der Marburger Elisabethkirche. Stadtarchivarin Dr. Irene Jung meint, dass das stilistische Sammelsurium aus Romanik, Gotik, Renaissance und Barock mit gleich zwei Westfassaden »einen wunderbaren Einblick in die mittelalterliche Kirchenbauweise liefert«. Im Dominneren befinden sich wertvolle sakrale Kunstschätze, etwa die Holzskulptur der Madonna auf der Mondsichel hinter dem Choraltar und das spätromanische Taufbecken aus vulkanischem Gestein (12. Jahrhundert). Die Figurengruppe der Pietà in der Johanneskapelle mit weinender Muttergottes (etwa 1370) vermag bis heute, ihre Betrachter zu rühren.

Im Windschatten des Doms, manchmal unbeachtet, befindet sich die Michaelskapelle, ein Ossarium, in das Gebeine aus aufgelösten Gräbern des engen Domfriedhofs umgebettet wurden. Herausfordernd reckt sich die einst zweigeschossige Friedhofskapelle, 1292 erstmals urkundlich erwähnt, in schmaler Hanglage dem mächtigen Architekturkonglomerat des Doms entgegen. Die Kreuzigungsgruppe an der Westseite wird der Mainzer Bildhauerwerkstatt von Hans Backoffen (1470–1519) zugeordnet. Ein Spitzbogenfenster wie auch einige Domfenster schuf der Marburger Kirchenglasmaler Erhardt Klonk (1898–1984).

Die Hauptwache am Domplatz (1861) diente bis 1877 dem 8. Rheinischen Jägerbataillon als Wachstation, später als Polizeiwache. An der Fassade wacht ein »Pikenier«, ein Infanterist mit Pike, wie die Spieße genannt wurden.

40

Reichskammergerichts-museum
Hofstatt 19
35578 Wetzlar
06441 994160

WIE DER WOHLSTAND ZURÜCKKAM
Reichskammergericht

Welch ein Glück für die verarmte Reichsstadt Wetzlar, dass das Reichskammergericht 1690 hierher verlegt wurde, weil Speyer infolge des pfälzischen Erbfolgekrieges von Franzosen niedergebrannt worden war. Wetzlar erhoffte sich wirtschaftlichen Aufschwung und Reputationsgewinn; dafür musste die Stadt den »Cameralen« Privilegien einräumen, die andere Bürger nicht beanspruchen konnten: Steuer- und Zollfreiheit, Befreiung von Kriegsleistungen, das Rathaus (Fischmarkt 13) als Gerichtssitz. Später residierte die Kammer im Herzoglichen Haus, Fischmarkt 1, und im Ingelheim'schen Palais, Hauser Gasse 19.

Zwar schützte die Anwesenheit des kaiserlichen Reichsgerichts die Wetzlarer vor Einquartierung, doch gab es religiöse Spannungen. Denn nun zogen Katholiken in die lutherische Reichsstadt, die jahrzehntelang keine katholische Gemeinde gehabt hatte. Noch dazu waren »Standesdünkel und Adelsstolz an der Tagesordnung«, heißt es in der Gerichtsgeschichte. Adel verpflichtet, das ist teuer: Manche Assessoren (Beisitzer) »gaben nachweislich der Versuchung nach, ihr Salär durch Annahme von Bestechungsgeldern aufzubessern«. Advokaten und Prokuratoren (Anwälte) verfügten über weit höhere Einkommen – ihnen verdankt Wetzlar stattliche Barock- und Rokoko-Häuser.

Die meisten Prozesse behandelten Landfriedensbruch. Nicht nur Adlige, auch Bürger und Bauern durften klagen – die Erfolgsaussichten waren aber generell schlecht. Das Gericht litt chronisch unter Geldmangel, weshalb nie die vereinbarte Zahl von 50 Assessoren erreicht wurde. »Zwanzigtausend Prozesse hatten sich gehäuft«, notierte der juristische Praktikant Goethe 1772. Die Schwerfälligkeit der Rechtsprechung hatte auch mit weiten Wegen und Reisegefahren zu tun. Mancher Landesherr ließ den aus Wetzlar mit Vorladungen angereisten Gerichtsboten gar verprügeln und verjagen.

König Maximilian I. eröffnete 1495 in Frankfurt das Reichskammergericht. Kaiser Franz II. schickte zwecks Auflösung 1806 ein Billet aus Wien nach Wetzlar.

41

Straußeneipokal im Palais Papius
Nürnberg um 1605–10

**Palais Papius –
Museum für europäische Wohnkultur**
Kornblumengasse 1
35578 Wetzlar
06441 994131
06441 994150

DAS SPARSAME FRÄULEIN DOKTOR
Palais Papius

Die Geschichte des barocken Adelspalais in der Wetzlarer Kornblumengasse 1 ist eng verknüpft mit den Juristen des Reichskammergerichts, die sich repräsentative Domizile errichteten. Das Gebäude mit Seitenflügeln und tiefem Innenhof entstand in mehreren Bauschritten zwischen 1717 und 1805. Seinen Namen erhielt es durch den dritten Besitzer Franz von Pape, genannt Papius, der »aufgrund eines teilweise erfundenen adligen Stammbaums in den Freiherrenstand« gelangt war, der Bestechungsgelder im großen Stil annahm und trotzdem hoch verschuldet war. Pikanterweise vermietete Papius dem Chef der Visitation, die von 1767 an mehrere Jahre die Vorgänge am Reichskammergericht untersuchte und ihn letztendlich entließ, sein Palais. Schließlich sollte der Kaiserliche Principal-Commissarius Fürst Karl Egon von Fürstenberg standesgemäß logieren.

Die nach denkmalgerechter Sanierung in frischem Glanz strahlenden, mit fantastischen Stuckreliefs und Parkettböden versehenen 20 Ausstellungsräume des Palais Papius enthalten eine wertvolle Sammlung europäischer Möbel und Kunsthandwerk aus Renaissance und Barock. Die Stifterin, Dr. Irmgard Freiin von Lemmers-Danforth (1892–1984), hatte sich 1928 als Kinderärztin in Wetzlar niedergelassen. Lebenslang frönte das sparsame Fräulein Doktor ihrer Sammelpassion; vor allem Schränke hatten es ihr angetan. Dafür verzichtete sie auf Luxus und Urlaub.

Ihre rund 450 Objekte – europäische Tischlerkunst, Bodenstanduhren, Zinn-, Glas- und Emaillearbeiten, Gemälde, Skulpturen, Tapisserie und Keramik – vermachte sie 1963 der Stadt. Dafür wohnte sie mit ihrer Freundin Hildegard Pletsch von 1976 bis zu ihrem Tod mietfrei im Palais Papius. Nachts soll sie durchs Palais gewandert sein und sich an ihren hölzernen Lieblingen, dem Frankfurter Ecknasenschrank oder dem Hamburger Prunkschrank, erfreut haben.

Papius baute auch das Haus gegenüber dem Palais, in dem das Reichskammergerichtsmuseum, einziges in Deutschland für Rechtshistorie, untergebracht ist.

42

Werther Mural
von Kai H. Krieger, Uwe H. Krieger, Joachim Pitt, 2015
Betonwand Parkplatz
Lottestraße
35578 Wetzlar

Museum Lottehaus
Lottestraße 8–10
35578 Wetzlar
06441 994131
06441 994140

DAS LEIDEN DES JUNGEN GOETHE
Lottehaus

»Da ich in die Tür trat, fiel mir das reizendste Schauspiel in die Augen, das ich je gesehen habe. In dem Vorsaale wimmelten sechs Kinder von elf zu zwei Jahren um ein Mädchen von schöner Gestalt, mittlerer Größe, die ein simples weißes Kleid, mit blaßroten Schleifen an Arm und Brust, anhatte. Sie hielt ein schwarzes Brot und schnitt ihren Kleinen rings herum jedem sein Stück nach Proportion ihres Alters und Appetits ab …«

Dieses erste Treffen Werthers mit Lotte hat Folgen, die Story ist weithin bekannt: Er verliebt sich heftig in sie und erschießt sich letztendlich aus Verzweiflung über unerwiderte Liebe. In Wetzlar erinnern in der Lottestraße ein Straßengemälde und das Museum Lottehaus an die Ereignisse, die Johann Wolfgang von Goethe zu seinem Briefroman *Die Leiden des jungen Werther* inspirierten, in dem viel Dichtung und ein wenig Wahrheit steckt. Rekapitulieren wir die Fakten:

Der 22-jährige Goethe trägt sich im Mai 1772 in die Matrikel der Rechtspraktikanten am Reichskammergericht ein und bleibt vier Monate. Juristen durften sich nach Studienabschluss bei Wetzlarer Assessoren mit Prozessakten vertraut machen. Es gab keine Anwesenheitspflicht, und der Tag hatte schon damals nur 24 Stunden. Goethe arbeitete fleißig an diversen Gedichten, Übersetzungen, Beiträgen für den *Göttinger Musenalmanach* und die *Frankfurter Gelehrten Anzeigen*, unternahm allerhand Wanderungen, gab sich der Lektüre von Pindar, Homer, Lessing und Herder hin und kommentierte diese in diversen Briefen. Sein juristischer Elan kann nicht ausgeprägt gewesen sein. Gern aß und plauderte er an der »Rittertafel« im Gasthaus zum Kronprinzen (Domplatz 17) mit anderen jungen Juristen, darunter ein gewisser Karl Wilhelm Jerusalem. Goethes Großtante, Hofrätin Lange (Schmiedgasse 1) machte ihn mit Charlotte Buff bekannt. (Fortsetzung folgt.)

Das »reizende Schauspiel« verarbeitete der Maler Ferdinand Raab um 1865 anhand eines Kupferstichs von Wilhelm von Kaulbach. Das Bild hängt im Lottehaus.

48

Museum Jerusalemhaus
Schillerplatz 5
35578 Wetzlar
06441 994131

WAHRE LOTTE, ECHTER JERUSALEM
Jerusalemhaus

Charlotte Sophie Henriette Buff wurde 1753 als Tochter von Heinrich Adam Buff geboren, der die Geschäfte des Deutschen Ordens in Wetzlar führte. Die Familie lebte im Verwalterhaus (Lottehaus). Seine Frau Magdalena gebar in 19 Ehejahren 16 Kinder, von denen zwölf das »Erwachsenenalter erreichten«; 1770, nach der letzten Geburt, starb sie. Wer das sanierte Lottehaus besichtigt, kann sich vorstellen, wie beengt es dort zuging. Bestimmt verfügte keines der Kinder über ein eigenes Bett. Lotte traf sich offenbar gern mit Goethe, sie erwiderte seine Leidenschaft aber nicht. 1773 heirateten Lotte und der Legationssekretär Johann Christian Kestner und zogen nach Hannover. Charlotte bekam zwölf Kinder. Die Familie Buff lebte noch bis 1813 im Deutschordenshof.

Karl Wilhelm Jerusalem aus Wolfenbüttel kannte Goethe aus Leipziger Studientagen. Sein Vater war ein bedeutender Aufklärungstheologe und ging am Hof des Herzogs von Braunschweig-Wolfenbüttel ein und aus. Wohl aufgrund dieser Beziehungen arbeitete der junge Jerusalem 1772 bereits als Legationssekretär der braunschweigischen Gesandtschaft, die an der Visitation am Reichskammergericht beteiligt war. Jerusalem hatte glänzende Karriereaussichten, war es jedoch nicht gewohnt, sich unterzuordnen, was in der hierarchischen staatlichen Verwaltungsstruktur von einem jungen, nicht-adligen Mann erwartet wurde. Er verstand sich nicht mit seinem Chef, dem Gesandten Johann Jakob von Höfler, die Situation eskalierte, Jerusalem drohten Entlassung, Schande und Armut. Noch dazu war er unglücklich in eine verheiratete Frau der Wetzlarer Gesellschaft verliebt.

Am 30. Oktober 1772 erschoss sich Jerusalem mit einer Pistole, die er von Lottes Verlobtem Kestner ausgeliehen hatte. Goethe erfuhr die Geschichte durch einen Brief Kestners und veröffentlichte 1774 seinen Roman.

Jerusalems Wohnung wurde zum Wallfahrtsort der Werther-Fans. Die Stadt kaufte das Haus 1906, richtete es 1907 als kleines Museum her.

44

Wohnhaus August Bebel
Brodschirm 2
35578 Wetzlar

Freilichtmuseum Hessenpark
Laubweg 5
61267 Neu-Anspach
06081 5880
www.hessenpark.de

WO DER »ARBEITERKAISER« LEBTE
Wohnhaus August Bebels in der Brodschirm

»Das ›Licht der Welt‹, in das ich nach meiner Geburt blickte, war das trübe Licht einer zinnernen Öllampe, das notdürftig die grauen Wände einer großen Kasemattenstube beleuchtete.« In seiner Autobiografie berichtet der Mitbegründer der deutschen Sozialdemokratie ausführlich über die »erbärmlichen Verhältnisse« seiner Kindheit und Jugend. August Bebels (1840–1913) Großvater war der Wetzlarer Bäckermeister Friedrich Jakob Simon, Vater von sieben Kindern, darunter Augusts Mutter. Als die zweimal verwitwete Wilhelmine Johanna Bebel 1846 aus Deutz am Rhein in ihre Heimat zurückkehrte, hatten ihre Söhne August und Karl kein Zuckerschlecken zu erwarten, im Gegenteil, selten nur konnten sie sich satt essen. In Wetzlar bekamen sie einen kargen Zuschuss aus dem Armenfonds. Die Mutter nähte Handschuhe, August scheuerte den Fußboden von Stube und Kammer im Haus Brodschirm 2, putzte das Zinngeschirr, verdiente als Kegeljunge ein paar Münzen. 1853 starb die Mutter an Tuberkulose, wie schon Vater und Stiefvater (übrigens Zwillingsbrüder). Der 13-jährige August kam nun zur Tante in die Hospitalmühle. Dort half er, Mehl mit Eseln aufs Land zu transportieren und Getreide zu holen, er fütterte Hühner, putzte Pferd und Esel.

Nach der Konfirmation im Wetzlarer Dom verließ August die Schule, obwohl er gern Bergbau studiert hätte. In der Krämerstraße 11 erlernte er das Drechslerhandwerk, dazu gehörte es, morgens der Meisterin viele Eimer Wasser vom Brunnen zu holen. Vom Militärdienst wurde er wegen schwacher Konstitution freigestellt; er las Bücher aus der Leihbibliothek. An seinem letzten Lehrtag starb der Meister; Bebel ging auf Wanderschaft und ließ sich später in Sachsen nieder, weil er in Wetzlar keine Arbeit fand. Testamentarisch stiftete er Wetzlarer Waisen 6.000 Mark. Das Kino zeigte 1913 eine Dokumentation der Beerdigung in Zürich.

Im Freilichtmuseum Hessenpark stehen mehr als 100 historische Gebäude Hessens, auch aus dem Lahntal.

45

Wetterfahne auf dem
Kloster Altenberg
Altenberg 1
35606 Solms-Oberbiel
06441 206123
www.klosterkirche-
altenberg.de

**Besucherbergwerk Grube
Fortuna und Feld- und
Grubenbahnmuseum
Fortuna**
35606 Solms-Oberbiel
06443 82460
www.grube-fortuna.de

DEN DRACHEN BEZWINGEN
Kloster Altenberg und Grube Fortuna in Oberbiel

Als Zweijährige wurde Gertrud von Thüringen im Jahr 1229 von ihrer Mutter, der späteren Heiligen Elisabeth, von Marburg aus ins Prämonstratenserinnen-Kloster Altenberg gebracht. Gertrud war Elisabeths drittes Kind mit Landgraf Ludwig von Thüringen. Das unabhängige adlige Chorherrenstift in Altenberg oberhalb der Lahn im heutigen Solms-Oberbiel bestand seit etwa 1190. Mit 21 Jahren wurde Gertrud dessen dritte »Magistra«. Beinahe 50 Jahre leitete sie den Konvent, dem sie nicht zuletzt finanziell Glück brachte: Güter- und Geldschenkungen aus ihrer Familie, ein beachtliches Erbe, all das mehrte den Wohlstand des Stifts und ermöglichte es der Äbtissin, eine Kirche (1268 geweiht) zu bauen. Wie schon ihre Mutter kümmerte sie sich um Kranke, errichtete zwei Siechenhäuser für Nonnen und Arme aus der Umgebung. Sie starb fast 70-jährig, erhielt ein Grabmal vor den Altarstufen ihrer Kirche und wurde 1348 wohl von Papst Clemens VI. von Avignon seliggesprochen, wofür es allerdings keinen schriftlichen Beleg gibt.

Sehenswert ist die von Gertrud erbaute Klosterkirche nicht nur ihres spätbarocken Hochaltars wegen. Die 800 Jahre alte Freskenpracht und die unbequeme Schlichtheit des ebenso alten Chorgestühls der Nonnen auf der Empore hinter der Schöler-Orgel (1757), diese stummen Zeugnisse lebendiger Vergangenheit, berühren den Betrachter. Dort oben stand auch der originale Altenberger Altar (heute im Frankfurter Städel zu sehen, Kopie in Schloss Braunfels).

Die äußere Schlichtheit der Kirche entspricht der protestantischen Identität der Königsberger Diakonissen der Barmherzigkeit, die heute hier wirken. Die nach der Flucht aus Ostpreußen Überlebenden bezogen 1952 Altenberg als neues Mutterhaus. Evangelisch gepredigt wurde in der Kirche schon seit 1803, als das Kloster aufgelöst wurde und der Besitz dem Fürsten zu Solms-Braunfels zufiel.

In Solms befindet sich das letzte im Original erhaltene klassische Eisenerzbergwerk Deutschlands. Und sein Museum zeigt 57 Schmalspurloks und etwa 100 Wagen.

46

Schloss Braunfels
Belzgasse 1
35619 Braunfels
06442 5002, am Wochen-
ende 06442 3390913
www.schloss-braunfels.de

HESSENS NEUSCHWANSTEIN
Schloss Braunfels

Neuschwanstein? Der Vergleich des auf einem Basaltgipfel thronenden »Castellum Bruninvels« mit dem verschnörkelten Traumschloss des Bayernkönigs ist beliebt, dabei entstand Burg Braunfels 600 Jahre früher. Seit dem historistischen Ausbau gilt sie vielen als Musterbeispiel eines romantischen Schlosses, dank zahlreicher Türme, Türmchen und Zinnen. Als die Solms-Braunfelser Fürsten Ferdinand und Georg die Schlossfassade ab 1845 im Stil alter Ritterburgen »verkleideten«, weil sie der oft erweiterten Anlage ein einheitliches Bild geben wollten, handelten sie im Zeitgeist der Burgenromantik.

Ein architektonisches Beispiel dafür ist der Bergfried, der laut Burgenhistoriker Michael Losse »in dieser Form keinen mittelalterlichen Vorgänger hatte«. Auch der Rittersaal mit lebensechten Ritterfiguren in schweren Kettenhemden und Rüstungen ist eine Nachbildung. Manche Überraschung bietet das Interieur der prunkvollen Gesellschaftsräume: in Salonhängung dicht an dicht sehenswerte Gemälde, wertvolle Vasengeschenke des russischen Zaren. Der historische Schlossausbau mag auch steinerner Ausdruck des unverbrüchlichen Selbstbewusstseins der Schlossherren gewesen sein, die sich degradiert fühlten. Denn die Grafen Solms-Braunfels genossen seit 1742 Titel und Rechte von Reichsfürsten, verloren allerdings 1806 ihre Souveränität an das durch Napoleons Einfluss geschaffene Herzogtum Nassau.

In der spätgotischen evangelischen Schlosskirche installierte die heutige katholische Schlossherrin einen Kreuzweg. Marie-Gabrielle und Johannes Grafen Oppersdorff-Solms-Braunfels tragen mit Leidenschaft und Humor in 21. Generation die schwere Bürde, das riesige Schloss zu erhalten und zu bewohnen, in dessen bröckeligen Mauerfugen Dohlen picken, an dem schon mal über Nacht ein Türmchen zusammensackt, dessen hohe Räume im Winter nie richtig warm werden.

In Schloss Braunfels kann man den Ring der Heiligen Elisabeth bestaunen, den ihr Landgraf Ludwig 1227 schenkte, bevor er sich auf Kreuzzug begab.

VON WEILBURG BIS LIMBURG

47

Auf der Lahn von Weilburg nach Limburg
(Mai–Oktober)
Startpunkt und Verleiher:
Bahnhofstraße/
Ahäuser Weg
35781 Weilburg

Informationen zu
Floßfahrten mit der Lahnarche ab Diez:
www.flossfahrt-lahn.de

STILLE TAGE AM FLUSS
Auf der Lahn nach Limburg

»Romantische Mittellahn« – der Begriff des Lahn-Tourismus-Verbandes trifft ins Schwarze: Für Rad- und Wasserwanderer ist die Strecke von Weilburg nach Limburg vorbei an Odersbach, Kirschhofen, Gräveneck, Aumenau, Arfurt, Villmar, Runkel, Schadeck, Steeden, Dehrn, Dietkirchen eine der, wenn nicht *die* schönste Etappe der gesamten Lahnstrecke. Natur pur.

Gemächlich mäandert die Lahn durch feuchte Auen, saftige Wiesen mit Weidevieh, einige Felder, lichte Buchen-Eichenwälder. Je nach Jahreszeit und Witterung duftet es nach frischem Heu, harzigen Fichtennadeln, sumpfigen Uferpflanzen. Keine größere Straße kreuzt oder flankiert diesen 36 Kilometer langen Flussabschnitt, beliebt bei Kanufahrern aus ganz Deutschland. Das Ausflugsschiff *Wilhelm von Nassau* durchquert den Weilburger Schiffstunnel; die 25 Meter lange Lahn-Arche flößt bis zu 90 Personen durch Schleusen und Landschaft. Der Lahntalradweg verläuft parallel zum Fluss, meist eben, manchmal über kleine Anhöhen. Der Lahnwanderweg führt rechtslahnisch von Weilburg nach Limburg durch wenig berührte Natur und bietet schöne Fernaussichten, beispielsweise vom *Feldbergblick*. Nomen est omen – von diesem etwa 280 Meter messenden Höhenrücken sieht man auf den höchsten Gipfel des Rheinischen Schiefergebirges, den Großen Feldberg. Vom *Steimelskopf* oberhalb des Dörfchens Arfurt blickt man bei klarer Sicht weit in den Taunus und gelegentlich bis in den Rheingau.

In einer Lahnschleife, bevor der Fluss sich nach Westen wendet, liegt das Dorf Aumenau, dessen Bewohner besonders heimatverbunden und vereinsaktiv sind und anlässlich ihrer 1.250-Jahr-Feier ein böllerndes Fest veranstalteten. Aumenau wurde im Jahr 764 erstmals als *Villa Amana* in einer Schenkungsurkunde an das Kloster Fulda erwähnt und zählt somit zu den frühesten Siedlungen auf nichtrömischem Territorium.

Sekt oder Selters? Original Selters aus Selters an der Lahn, den fast versiegten Mineralquellen am Taunushang. Längst sprudelt das Premium-Wasser wieder (www.selters.de).

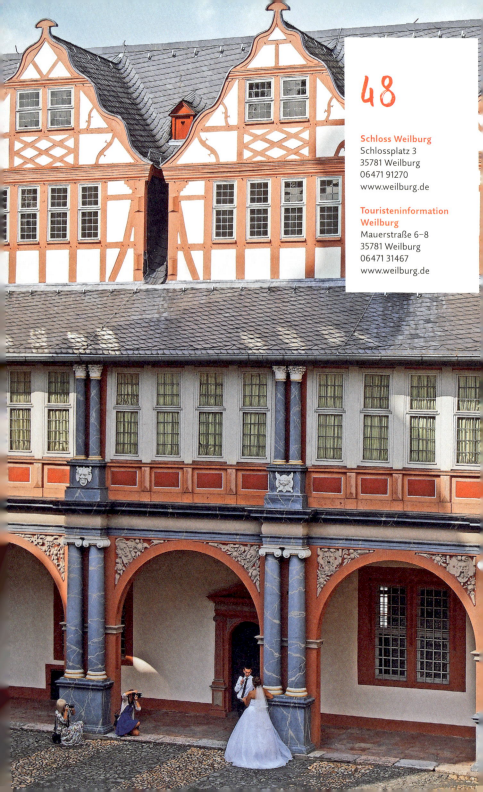

48

Schloss Weilburg
Schlossplatz 3
35781 Weilburg
06471 91270
www.weilburg.de

Touristeninformation Weilburg
Mauerstraße 6–8
35781 Weilburg
06471 31467
www.weilburg.de

BAROCKE KLEINRESIDENZ
Schlossanlage Weilburg

Die Weilburger Schlossanlage gehört als einziges Bauwerk im Lahntal zu den staatlich verwalteten historischen Baudenkmälern Hessens. Die geschlossene Vierflügelanlage, welche Nassauer Grafen im 16. Jahrhundert errichten ließen, um die mittelalterliche Burg zu ersetzen, thront hoch auf einem Felsrücken inmitten einer engen Lahnschlinge und gilt als bedeutendstes erhaltenes Renaissanceschloss des Landes. Ab 1702 baute Graf Johann Ernst zu Nassau-Weilburg Schloss und Stadt zu einer barocken Residenz aus, obwohl er nur »über ein Kleinterritorium herrschte«. Schon 1741 verlor Weilburg den Status als Residenzstadt.

Auf diese Weise blieb das eindrucksvolle, architektonisch ausgewogene Gesamtbild einer 300 Jahre alten Kleinresidenz erhalten. Zu der gehören die angrenzende evangelische Schlosskirche mit integriertem alten Rathaus, die Gebäude, Plätze, Gassen und Treppen der Altstadt – ein Teil des touristischen Kapitals der 5.000-Seelen-Kernstadt. Im Sommer unterhält das Standesamt im Schloss eine Dependance. Zudem ist Weilburg ein anerkannter Luftkurort, verfügt über die Attraktion des einzigen Schiffstunnels Deutschlands und liegt in einem verträumten Arkadien.

Es lohnt sich, eine Führung durch die Salons und Säle, die Hofküche und Hofstuben, die Schlafzimmer, die Treppenaufgänge, die Gesellschafts- und Festräume sowie die Obere Orangerie des weitläufigen Schlosses mitzumachen. Es enthält eine bemerkenswerte Sammlung gusseiserner Öfen der (1731 in Wetzlar gegründeten) Buderus'schen Eisenwerke, die wegen ihres pompfreien Designs zeitlos modern anmuten. Im Schloss wurde Schupbacher Lahnmarmor verarbeitet, zum Beispiel für den Kamin im *Churfürstlichen Gemach*, einem Luxusgästezimmer, und im Badekabinett für die riesige schwarze Wanne von 1709, die schon damals aus drei Hähnen 2.000 Liter fließendes Wasser fassen konnte.

Die *Weilburger Schlosskonzerte* mit etwa 40 Sommerveranstaltungen haben den Ruf eines Klein-Salzburg (www.weilburger-schlosskonzerte, www.alte-musik.de). Im Winter gibt es Alte Musik in der Schlosskirche.

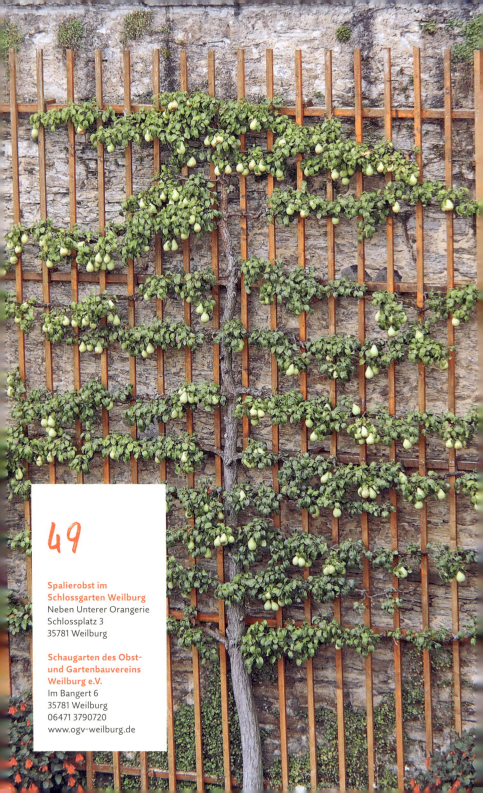

49

Spalierobst im Schlossgarten Weilburg
Neben Unterer Orangerie
Schlossplatz 3
35781 Weilburg

Schaugarten des Obst- und Gartenbauvereins Weilburg e.V.
Im Bangert 6
35781 Weilburg
06471 3790720
www.ogv-weilburg.de

TERRASSEN ÜBER TERRASSEN
Schlossgarten und Schaugarten

Die Orangerie des französischen Königsschlosses Versailles stand dem Barockbaumeister Julius Ludwig Rothweil, der 1702 an den Weilburger Hof kam, Pate für eine dreiterrassige Gestaltung des Weilburger Schlossgartens. Gemeinsam mit Hofgärtner François Lemaire schuf er ein Paradies, in dem zu wandeln eine Lust ist. Blickfang der oberen Gartenterrasse sind die ausladenden Blut- und Hainbuchen, hinter denen sich eine vergoldete gusseiserne Balustrade, auf deren Marmorpostamenten große Deckelvasen stehen, über dem steil abfallenden »Gebück« entlangzieht. Das aus dem Mittelalter überkommene Wort »Gebück« bezeichnet ein eng bepflanztes Terrain, auf dem ineinander verschlungene Sträucher, Hecken und niedrige Bäume einen schwer zu überwindenden Verteidigungswall bilden.

Weiterschlendernd gerät man unversehens ins *Lindenboskett*, auch Lindensaal genannt, weil die in barocker Weise niedrig zugeschnittenen Baumkronen ein schattenspendendes Dach bilden. Die untere Terrasse des Schlossgartens vor der streng symmetrischen Fassade der Unteren Orangerie wurde ab 1936 »rebarockisiert«. Von ihr aus geht es noch einmal fünf Höhenmeter abwärts auf die schmalere Parterre-Terrasse, von der aus man auf das klassizistische Landtor am König-Konrad-Platz der Vorstadt herabblickt.

Gar nicht weit, etwa 500 Meter Fußweg, liegen die Weilburger Terrassengärten in der Straße Im Bangert zwischen Lahn und Altstadtfelsen. Die Hobbygärtner des Obst- und Gartenbauvereins Weilburg haben sie angelegt, ausgehend von den verfallenen Resten eines 50 Jahre nicht bewirtschafteten Hanggartens. Ein Schaugarten dort enthält verschiedene Obstarten, einen kleinen Weinberg mit historischen und modernen Weinreben, einen Kräutergarten mit Heil-Duft-Gewürzpflanzen, natürlich jede Menge Blütenpflanzen und ein Wildbienenhaus.

Außerhalb der Schlossanlage, auf dem nördlichen Schlossplatz vor dem Eingang zum Heimat- und Bergbaumuseum (www.museum-weilburg.de), gibt es einen weiteren Lindensaal.

50

Alter Friedhof
An der Frankfurter Straße
Nahe Landtor
35781 Weilburg

Jüdischer Friedhof
Auf dem Dill
35781 Weilburg

VERBLÜHT, VERLASSEN, VERGESSEN
Alter und Jüdischer Friedhof

Weilburgs Baugeschichte wurde maßgeblich von einem Mann namens Wilhelm Jakob Wimpf (1767–1839) geprägt, Jurist, zunächst Beamter, dann erfolgreicher Fabrikant von Steingut, Branntwein, Getreide, Gips, Glasur. Vor allem aber verfocht er vehement den Stampflehmbau, auch Piseebau genannt. Holz war knapp in dieser Zeit und eine materialsparende Baumethode bei Fürst Friedrich Wilhelm von Nassau-Weilburg hochwillkommen. Wimpf führte ihm 1796 in der Spielmannstraße einen Prototyp vor, der bis heute steht. Es ist das älteste Piseehaus Deutschlands. Mit seinen Gebäuden machte Wimpf Weilburg zu einem Zentrum dieser Technik, die der französische Architekt François Cointereaux für landwirtschaftliche Nutzgebäude erfunden hatte, als er nach nicht brennbaren Baustoffen suchte. In der Weilburger Hainallee steht das höchste Piseehaus (1832), ein eher unansehnliches, grau verputztes, sechstöckiges Gebäude.

Auf dem Alten Friedhof seitlich der Frankfurter Straße, vom Landtor aus wenige Minuten zu Fuß, entdeckt man das älteste Gebäudeensemble der Stadt: die Passionsstätten Heilig-Grab-Kapelle und Kalvarienberg, ein baufälliger Rundbau mit Baldachingiebel, im Innern eine große Kreuzigungsgruppe. Die meisten Grabsteine des abschüssigen Geländes sind verschwunden, weil der von 1574 bis 1900 genutzte Friedhof 1981 zur »pflegeleichten« Parkanlage umgestaltet werden sollte, was die Bürgerinitiative Alt-Weilburg verhinderte (www.buergerinitiative-alt-weilburg.de).

Ebenfalls alt ist der Jüdische Friedhof. Die jüdische Gemeinde erlosch 1938. Sechs Jahre zuvor hatte sie 86 Mitglieder (1885 noch 220), die meisten wurden deportiert und ermordet. Das idyllische Weilburg war nach Aussage des Historikers Klaus-Dieter Alicke eine »Hochburg des Nationalsozialismus« – davon gab es an der Lahn allerdings mehrere. An verlassenen jüdischen Friedhöfen mangelt es nicht.

Den Schlüssel zum Jüdischen Friedhof erhält man im Rathaus oder im Nachbarhaus Auf dem Dill 6. Kein Zutritt samstags und an jüdischen Feiertagen.

51

Wildpark Tiergarten
Tiergartenstraße
35781 Weilburg
06471 626284
www.wildpark-weilburg.de

WO AUEROCHSEN GRASEN
Wildpark Tiergarten Weilburg bei Hirschhausen

Weilburg liegt am Rand des Taunus, eines von elf hessischen Naturparks. 26 Quadratkilometer Wald bedecken das Stadtgebiet inklusive der zehn Dörfer, 45 Prozent der Gesamtfläche. Der Waldanteil in ganz Hessen beträgt 40 Prozent. Das sah vor 300 Jahren noch anders aus: die Urwälder verschwunden; der heutige Hochwald, den wir für natürlich gewachsen halten, noch nicht existent. Damals wurden Wälder maßlos ausgebeutet durch Landwirtschaft, Bergbau, Kohlenmeiler, Glashütten, Hausbau. In Nassau-Weilburg wurde die nachhaltige Forstwirtschaft 1803 eingeführt.

Weilburgs weitläufige Wälder wurden von Menschenhand wunderschön gestaltet, zum Beispiel wandert man auf den Lahnhöhen bei Odersbach durch eine der ältesten Lindenalleen Deutschlands (1710) zum Aussichtspunkt *Tempelchen*. Im Wildpark Tiergarten Weilburg bei Hirschhausen, der im 16. Jahrhundert als Damwildgehege angelegt wurde, wurzeln 400-jährige Huteeichen und Hutebuchen, also übrig gebliebene Mastbäume, zu denen man einst Schweine zum Futtern von Eicheln und Bucheckern trieb. Erhalten ist auch die knapp vier Kilometer lange, zwei Meter hohe Bruchsteinmauer von 1732. Die Umfriedung diente Jagdzwecken.

In dem 93 Hektar großen Park mit Laubmischwald, Wiesen- und Wasserflächen leben 20 Tierarten. Abgesehen von Rot-, Schwarz- und Damwild, Alpensteinböcken, Elchen, Braunbären, Mufflons, Wölfen und Fischottern siedelt der Tiergarten seltene und fast ausgestorbene Arten an: Rückgezüchtete Auerochsen, vermutlich die Vorfahren unserer Kühe. Luchse, seit 1846 in Deutschland ausgestorben. Przewalskipferde, die letzte lebende Wildpferdart der Welt. Skudden, eine der ältesten Nutztierrassen Europas, robuste Landschafe, die vor allem in Ostpreußen und im Baltikum grasten. Und Wisente, schwergewichtige Urwaldrinder.

Am Dillhäuser Backhaus des Tiergartens gibt es einen großen Spielplatz, und in der Fachwerk-Gaststätte Im Tiergarten kann man rasten und sich ausruhen.

52

Kristallhöhle Kubach
(April–Mitte November)
Auf dem Kalk 1
35781 Weilburg-Kubach
06471 94000
www.kubacherkristallhoehle.de

INDIEN SUCHEN, AMERIKA ENTDECKEN
Kristallhöhle

Im Abstand von zwei Kilometern münden Kubach und Halbach in die Weil, den viertlängsten Nebenfluss der Lahn. Zwischen den Bachläufen befindet sich ein kalkreicher Bergrücken. Dort, 52 Meter unter der Erdoberfläche, liegt der Eingang zur größten Schauhöhle und einzigen Calcit-Kristallhöhle Deutschlands, 30 Meter hoch, 24 breit, 110 lang. Den in einem Höhlenverein organisierten Hobbyforschern aus dem Weilburger Stadtteil Kubach erging es wie einst Kolumbus, der Indien ansteuerte und Amerika fand: Sie bohrten seit Anfang der 1970er-Jahre nach einer Tropfsteinhöhle, deren Existenz und Pracht Bergleute beschrieben hatten und über die ein Königlicher Bergrat 1907 ein Gutachten abfasste. Leider nahmen die ihr Wissen um die genaue Lage mit ins Grab. Die Kubacher entdeckten stattdessen 1974 überraschend die Kristallhöhle.

Die Hohlräume im Kalkgestein des Lahngebietes bildeten sich vor 350 Millionen Jahren, als das flache Devon-Meer Mitteleuropa bedeckte. Die Höhlen bei Kubach entstanden nach Geologenmeinung zu Beginn der Eiszeiten vor 1,8 Millionen Jahren. Regen und Schmelzwasser höhlten das Kalkgestein nach und nach aus, bedingt durch diverse Klimawechsel auf mehreren Lagen. In der Kristallhöhle, deren Wände mit Tausenden weiß glitzernden Kristallen und mit Perlsintern (kleinen Kieselschlacken, die in der Fläche aussehen wie Streuselkuchen) bedeckt sind, bildete sich bis vor wenigen Jahren nach regen- und schneereichen Wintern ein Sommersee, der im Herbst abfloss.

Höhlenführungen dürfen herz- und kreislaufsensible Menschen nicht mitmachen, denn bei einer Temperatur von 9 Grad und 85 Prozent Luftfeuchtigkeit könnte das übel ausgehen. Außerdem müssen Besucher 456 Treppenstufen bis zum »Dom« 120 Meter unter Tage überwinden. Nach der Tropfsteinhöhle suchen die Kubacher Speläologen übrigens weiter.

Im Sommer finden in der Nähe die Freienfelser Ritterspiele statt, ein großes Mittelalterfestival, das der Erhaltung der Burgruine Freienfels dient (www.ritterspiele-freienfels.de).

53

Naturdenkmal Unica-Bruch
300 Meter im Wald hinter dem Bahnhof
65606 Villmar

Lahn-Marmor-Museum
Oberau 4
65606 Villmar
06482 6075588
www.lahn-marmor-museum.de

LAHNMARMOR IM EMPIRE STATE BUILDING
Naturdenkmal Unica-Bruch

Ibacheiche, Grethenstein, Weibshohl – diese klingenden Namen bezeichnen nicht etwa Liebeslauben. Vielmehr handelt es sich um fünf von zwölf Marmorbrüchen in und um den Marktflecken Villmar, von denen nur der Unica-Bruch noch erkennbar existiert. Die anderen wurden der Natur überlassen und sind überwuchert. Hier wurde vor allem im industrialisierten 19. Jahrhundert polierfähiger Kalkstein, also Marmor, aus der erdgeschichtlichen Devon-Zeit abgebaut und weiterverarbeitet. Aus Sedimentgesteinen und Riffen des kalkhaltigen Devon-Meeres entstand vor 380 Millionen Jahren der Lahnmarmor, dessen gold, rot, schwarz, gelb, braun, weiß schillernde und geäderte Vielfarbigkeit sich vulkanischen Einflüssen verdankt. Der Unica-Bruch zeigt aus Sicht von Geologen die Entstehung eines Stromatoporen-Riffs in weltweit einzigartiger Weise. Stromatoporen sind ausgestorbene Meerestiere, beispielsweise riffbildende Korallen.

Im Unica-Bruch (in Bahnhofsnähe) haben die Nassauischen Marmorwerke Dyckerhoff & Neumann gesägte Wände hinterlassen. Das Gestein ist als Naturdenkmal ausgewiesen und hat ein Schutzdach. Aus den Villmarer Werkstätten gelangten Konstruktionen und Kunstwerke aus Lahnmarmor in alle Welt, bis ins Empire State Building in New York. Die Nassauischen Marmorwerke kurbelten ab 1864 mit modernen Maschinen die zuvor auf schwere Handarbeit angewiesene Produktion an, sie lief bis 1979.

Bedeutende Marmorarbeiten können bis heute bewundert werden: im Berliner Dom, im prachtvollen Thiersch-Saal des Kurhauses Wiesbaden mit 24 Säulen und 12 Eckpfeilern aus Marmor, in der Rotunde des Biebricher Schlosses, im Entree des Landesmuseums Wiesbaden. In Villmar selbst bezeugen noch die Marmorbrücke über die Lahn (1894) sowie Fußboden und Altarverkleidung der Pfarrkirche die große Vergangenheit.

Das Lahn-Marmor-Museum als Informationszentrum im Geopark Westerwald-Lahn-Taunus und der Lahn-Marmor-Weg sind lohnende Ziele in Villmar.

54

Burg Runkel
Schlossplatz 2
65594 Runkel
www.burg-runkel.de

Strartpunkt Spaziergänge
zu den Burgen:
Tourist-Info Runkel
Burgstraße 23
65594 Runkel
06482 916160
www.runkel-lahn.de

DIE DREI-BURGEN-STADT
Burg Runkel und Burg Schadeck

Kaum ein Burgenort an der Lahn – und es gibt davon über 100 – erscheint spektakulärer als Runkel, und das liegt nicht nur am geheimnisvoll klingenden Namen, um dessen Ursprung sich Legenden ranken. Läuft oder radelt man mit Schwung, von Limburg kommend, in die steile Lahnkrümmung, die den Kernort Runkel umschließt, trifft einen die geballte Steinmasse eines Felsentals, unter die sich Runkels Fachwerkhäuser furchtsam ducken, wie ein optischer Orkanstoß. Man prallt zunächst zurück und weiß nicht, wohin mit dem Fluchtreflex. Die Ruine der 1634 im Dreißigjährigen Krieg von kroatisch-österreichischen Truppen niedergebrannten Verteidigungsburg (1159 erstmals urkundlich erwähnt) überragt das Städtchen. Die mittelalterliche Lahnbrücke spannt sich bedrohlich in 30 Metern Höhe zwischen Steilfelsen. Das neue Schloss baute man später in die einstige Unterburg.

Im Mittelalter wurde die Runkeler Bevölkerung schwer gebeutelt, von kriegsbedingten militärischen Belagerungen und von den ständig schwelenden Familienstreitigkeiten der Runkeler Grafen. Ein Gutes kam dabei heraus: Runkel verfügt auf der Anhöhe der rechten Lahnseite, im heutigen Stadtteil Schadeck, seit 1288 über ein zweites Burg-Schloss, dem ersten genau gegenüber. Es ist höher als die Unterburg, weniger wuchtig. Heinrich von Runkel setzte es seinem Vetter Siegfried trotzig ins Visier. Die beiden Herren waren sehr zerstritten. Schadeck blieb jahrhundertelang ein Zankapfel diverser Adelshäuser.

Mit der Gemeindereform der 1970er-Jahre erhielt Runkel acht weitere Stadtteile und auf diese Weise ein drittes Schloss, die Spornburg Dehrn der Grafen von Diez aus dem 12. Jahrhundert. Jedes der neun Dörfer – von den kleinsten Eschenau und Hofen bis zum größten Dehrn – behielt eine eigene freiwillige Feuerwehr. Neun Brandwehren für 10.000 Einwohner – wer kann das toppen?!

Am Schadecker Südhang, wo bis 1929 der echte Runkeler Rote reifte, pflanzte eine junge Weinbruderschaft neue Rebstöcke und kelterte erste Tropfen.

Burg Runkel und Lahnbrücke

55

Motorboottour
Starpunkt: Steeden
65594 Runkel

Endpunkt:
Schwimmendes Bootshaus
vor der Rheinmündung
56112 Lahnstein

WENN DER SCHLEUSENWÄRTER SCHLEUST
Mit dem Motorboot ab Steeden zum Rhein

Für viele Flussfans – Motorskipper, Kanuten, Ruderer, Paddler, Floßfahrer, Schiffspassagiere – ist die Lahn das Paradies schlechthin. Gemächlich strömt das Wasser im unteren Lahntal gen Rhein, mit einer Geschwindigkeit von ein bis drei Stundenkilometern. An vielen Stellen lässt es sich leicht ankern, anlegen, baden, sonnen, vespern und nächtigen. Leider durchsägt der Lärm der Jetboote und Wassermotorräder ab Steeden immer öfter die lauschige Stille.

Nur auf der 67 Kilometer langen Strecke zwischen Steeden und Lahnstein ist die Lahn voll kanalisiert und darf von Motorbooten bis 1,5 Meter Tiefgang befahren werden. Gelegenheitskapitäne brauchen keinen Sportbootführerschein, es sei denn, sie lenken eine Jacht mit mehr als 15 PS. Auf diesem Streckenabschnitt gibt es 13 Wehranlagen (sowie 29 Staustufen auf 147 Kilometern Bundeswasserstraße) und 12 Schleusen in Seitenkanälen oder neben den Wehren, die von freundlichen Schleusenwärtern zu festen Zeiten bedient werden. Das Warten auf den Wärter, das Sichanklammern an Seil oder Stange im Wartemodus, das Manövrieren, das sich langsam mit dem Wasserpegel hebende und senkende Boot – wer da nicht die schönen Momente der Entschleunigung entdeckt, dem ist nicht zu helfen. Weitere 11 Schleusen an den Staustufen lahnabwärts ab Dorlar bei Gießen müssen von Hand selbst bedient werden; die älteste, in Runkel, datiert von 1842. Die nicht-automatisierten historischen Schleusen des 19. Jahrhunderts und die teilweise aus dem Mittelalter stammenden Wehre geben dem Lahn-Wassertourismus einen besonderen Reiz.

Nachts dürfen die Schleusen nicht benutzt werden, und bei Dunkelheit dürfen nur Boote fahren, die mit Scheinwerfern ausgestattet sind. In den Naturschutzgebieten Nieverner Wehr, Schleuse Hollerich, Gabelstein-Hölloch, Steinbruch Fachingen ist es verboten anzulanden.

Viele Staustufen der Lahn verfügen über Wasserkraftanlagen zur Stromerzeugung. Bis 2027 müssen alle laut Wasserhaushaltsgesetz Fischtreppen haben.

56

**Basilika Sankt Lubentius
am Lahn-Camino**
Herrenberg 1
65553 Limburg-
Dietkirchen
06431 71498
www.katholisches-
limburg.de

PILGERREISE ZU JAKOBUS
Auf dem Pilgerweg Lahn-Camino

Streng genommen gehört der Pilgerweg Lahn-Camino, ein Fußmarsch von 142 Kilometern vom Wetzlarer Dom zur Hospitalkapelle Sankt Jakobus in Oberlahnstein, immer auf Tal- und Höhenwegen an der Lahn entlang, gar nicht zum offiziellen Jakobsweg. In historischen Quellen scheint der Camino kaum dokumentiert zu sein, wobei belegt ist, dass einige kirchliche Häuser Pilger beherbergten, zum Beispiel das Armenhospital in Oberlahnstein und Kloster Arnstein, das sich heute wieder als offizielle Pilgerherberge anbietet.

Die sechs Tages-Etappen des Lahn-Camino verlaufen streckenweise auf dem Lahnhöhenweg und auf dem Lahnwanderweg. Am Zielort Lahnstein kreuzt sich der Camino mit den Wanderrouten Rheinhöhenweg und Rheinsteig, geht über in den Pilgerweg Rhein-Camino. Ob man nun religiös motiviert pilgert oder weltlich wandert, bleibt einem selbst überlassen, an Wegmarkierungen jedenfalls fehlt es nicht auf dieser Strecke. Die gelbe (Jakobs-)Muschel auf blauem Grund ist das traditionelle Erkennungszeichen für Pilger. Die Buchstaben LW auf weißem Hintergrund zeigen den 290 Kilometer langen Lahnwanderweg ab der Quelle im Rothaargebirge an; LW auf gelbem Grund kennzeichnet Zuwege, beispielsweise von Bahnhöfen. Ein weißes L auf Schwarz meint den nördlichen Lahnhöhenweg auf der Westerwaldseite. Das schwarze L auf Weiß weist auf den Wanderweg der Taunusseite hin, der sich mit dem Lahn-Camino deckt. Um den Schilderwald zu vervollständigen, verläuft noch streckenweise der Fernwanderweg E 1 am Lahnufer, meist mit einem weißen Andreaskreuz auf schwarzem Hintergrund ausgewiesen.

»Der Weg ist das Ziel«, ein Motto für Pilger und Wanderer. Gläubige aus ganz Europa gehen seit Mitte des 11. Jahrhunderts per pedes zum Apostelgrab des heiligen Jakobus in Santiago de Compostela. Von Lahnstein bis dorthin sind es noch 2.200 Kilometer.

Jakobus an der Lahn: Domportal Wetzlar, Pfarrkirche Villmar, Lubentius-Basilika Dietkirchen, Georgsdom Limburg, St. Kastor Dausenau, St. Jakobus Lahnstein.

57

Alte Lahnbrücke und Brückentorturm
65549 Limburg

Hotel Nassauer Hof
Brückengasse 1
65549 Limburg
06431 9960
www.nassauerhof-limburg.de

FREIBRIEF FÜR REICHTUM
Alte Lahnbrücke und Brückentorturm

Die steinerne Bogenbrücke über die Lahn in Limburg, die Altstadt und Brückenvorstadt verbindet, wurde im Jahr 1341 vollendet, ein knappes Jahrhundert später als die Wetzlarer Lahnbrücke. Der bis heute erhaltene quadratische Turm (14 Meter hoch, zwölf mal zwölf Meter Grundfläche), der ursprünglich auf der gegenüberliegenden Seite einen Zwilling hatte, gilt als zweitältester erhaltener Brückentorturm in Deutschland (nach Regensburg). Der Bau der Brücke kostete die Stadtväter eine Stange Geld, zog sich deshalb 30 Jahre hin, aber die Investition amortisierte sich: Limburg erhielt 1357 das königliche Zollrecht.

Da die mittelalterliche Handelsstraße Via Publica über die Limburger Brücke führte, kam das Dekret einem Freibrief für Reichtum gleich. Es gelang den Limburgern, ihr Zollrecht bis 1905, also 548 Jahre lang, auszuüben. Den äußeren Brückentorturm, ursprünglich mit Spitzdach versehen, nutzte man, vor allem im Dreißigjährigen Krieg, als Bollwerk gegen Belagerungen, später als Gefängnis, als Getreidelager und als Dienstwohnung. Dann stand das Gebäude leer und drohte zu verfallen. Letztendlich gestatteten die Stadtverordneten dem Ex-Landrat Dr. Manfred Fluck, im Brückentorturm seinen Altersruhesitz einzurichten. Das war 2013. Acht Jahre hatte der Mann beharrlich für seinen Wunschtraum gekämpft, bis er einen Erbpachtvertrag bekam. Andere Bewerber hatten den denkmalgeschützten Turm als Hotel oder Büro nutzen wollen.

Die Stadtväter waren sicher auch beeinflusst von Flucks Bereitschaft, einen hohen Betrag in die Sanierung zu stecken sowie Dach und Außenmauern künftig in Eigenverantwortung zu pflegen. Für Schäden, die durch das Tor rollende Autos und deren Spritzwasser verursachen, kommt die Stadt auf. Das Zwischengeschoss, in dem sich der einstige Kerker im Originalzustand befindet, blieb öffentlich.

Direkt am Lahntalradweg und vor der Lahnbrücke liegt das Altstadt-Hotel *Nassauer Hof* mit 35 Zimmern und *Restaurant Twins*.

58

Rundgang Altsadt
Ab Philippsdamm
65549 Limburg

LAUT, QUIRLIG, BELIEBT
Rundgang durch die Altstadt

Limburg ist mit fast 36.000 Einwohnern, davon die Hälfte in der Kernstadt, nicht die größte Stadt an der Lahn, sicher aber im Sommer die lauteste, die mit dem quirligsten Straßenleben, den dank Dom wertvollsten Kunstschätzen und die einzige in Deutschland mit einem zweiten Bahnhof nur für ICE. Der typische Limburggast hält sich 1,7 Tage in der Bistumsstadt auf, man zählt mehr als 150.000 Übernachtungen im Jahr sowie ein Vielfaches an Tagestouristen.

An einem Schön-Wetter-Samstag brummt die Altstadt. Am Philippsdamm hinter dem Katzenturm an der Lahn drängen sich die Reisebusse. Behelmte Radfahrer schieben ihre hochwertigen Drahtesel übers Kopfsteinpflaster bergauf Richtung Dom. In Boutiquen, Fach-, Trödel-, Schmuck- und Nippesläden, in Cafés, Eisdielen und Wirtshäusern, bei Pizzabäckern und Dönern bilden sich Warteschlangen. Dazwischen karren Mütter Kinder durch die Gassen, nicht ohne sich lautstark über deren Köpfe hinweg zu unterhalten. Stadtführer lotsen Gruppen durch die Menge. Und wer jetzt noch unbeirrt zum Wochenmarkt zwischen den Platanen am Neumarkt strebt, kollidiert leicht mit Handyfotografen, die abrupt anhalten, um Kind, Gespons, Fassadenfigur, Schild oder sonstig Erbauliches abzulichten.

Wer sich in die Zeit des Mittelalters, der Handwerkszünfte, des Markttreibens versetzen und die städtebauliche Entwicklung hin zur Moderne nachvollziehen möchte, der findet in der Limburger Altstadt reichlich Anregungen. Viele Namen sprechen für sich: Rossmarkt, Fischmarkt, Brückengasse, Salzgasse, Kornmarkt, Fleischgasse, Bischofsplatz, Fahrgasse, Löhrgasse (Straße der Lohgerber). Früher gab es noch einen Schuhmarkt – »im Zinsregister der Stadt von 1382 [waren] allein 27 Schuhmacher aufgeführt«. Im 14. Jahrhundert lebten Hunderte Familien als Wollenweber, Färber, Tuchmacher. Limburg war eine reiche Handelsstadt, »größer als Wiesbaden«.

Eine Barfüßerstraße gibt es in Limburg, Wetzlar, Marburg. Der alte Name verweist auf die Barfüßermönche der Franziskaner.

59

Typische Limburger Fachwerkhäuser
Rund um die Salzgasse
Barfüßerstraße
Fischmarkt
65549 Limburg

Touristeninformation
Barfüßerstraße 6
65549 Limburg
06431 6166
www.limburg.de

VON SÄCKERN UND EDELSÄCKERN
Fachwerkhäuser in der Altstadt

Die gesamte Altstadt von Limburg, früher von einer Ringmauer aus dem 13. Jahrhundert umgeben, von der bis auf den runden Katzenturm kaum noch etwas erhalten ist, steht unter Denkmalschutz. Der aufmerksame Spaziergänger entdeckt hier Fachwerkhäuser mit reichen Schnitzereien aus den letzten acht Jahrhunderten (etwa am Walderdorffer Hof, Fahrgasse 5, und am *Haus der sieben Laster*, Brückengasse 9), darunter mehrere der ältesten Häuser Deutschlands und vor allem die für Limburg typischen Hallenhäuser. Dabei handelt es sich um mittelalterliche Gebäude von Kaufleuten, deren bis zu fünf Meter hohe, zur Gasse hin offene Erdgeschosse als Speicher und Geschäftsräume dienten.

Wer sich für Fachwerktechnik interessiert, findet in Limburg große Formenvielfalt: *Wilder Mann*, *Feuerbock*, *Andreaskreuz* … Die meisten Bauten wurden nach einem Großbrand anno 1289 errichtet. Verbürgt in dieser Zeit entstanden sind die Häuser Römer 1 und Römer 2–4–6, Rütsche 5 und 15 sowie Kolpingstraße 6. Einige Brandmauern datieren Bauhistoriker noch älter. Manche Hallen bekamen später Zwischengeschosse; moderne Restauratoren versuchen dies rückgängig zu machen.

Viele historische Bauten befinden sich in der Salzgasse, der Barfüßerstraße und am Fischmarkt. In dessen Verlängerung steht das Haus Kleine Rütsche 4, um 1290 errichtet, an der Ecke Fahrgasse. Es markiert die engste Stelle der Fernhandelsstraße von Brüssel nach Prag. Als Frühwarnsystem wies ein Schild am Kölner Heumarkt auf das schmale Maß hin, um den Fuhrleuten eine böse Überraschung zu ersparen. Vorsichtshalber standen hilfsbereite Limburger »Säcker« bereit, um die Wagenladungen über die »Rütsche« auf die andere Seite zu schleppen und wieder auf die Fuhren zu hieven. Geborene Limburger tragen deshalb den Spitznamen »Säcker«, Limburger ab der zweiten Generation sind »Edelsäcker«.

Das Hallenhaus Fischmarkt 21, heute verbunden mit Haus Nummer 22, diente 500 Jahre als Rathaus, jetzt als Kunstmuseum. Im Katzenturm an der Lahn ist ein Marinemuseum.

Limburger Dom

60

Bronzeportal Diözesanes Zentrum St. Nikolaus
Kath. Bischofsresidenz
Domstraße 12
65549 Limburg

Domschatz- und Diözesanmuseum Limburg
Domstraße 12
65549 Limburg
06431 295482
www.staurothek.de

DER MANTEL DES SCHWEIGENS
Domberg mit Bischofsresidenz und Diözesanmuseum

Als der »Dom zu Limburg an der Lahn« noch grau auf braun den 1.000-Mark-Schein verzierte (welch Ironie), zwischen 1964 und 1992, existierte die Limburger Domwelt im Verborgenen. Erst das verschwenderische Finanzgebaren des Bischofs Franz-Peter Tebartz-van-Elst sorgte 2013 republikweit für eine Lachnummer. Die mit dunklem Nero-Assoluto-Granit verkleidete moderne bischöfliche Kapelle ragt als einziges Gebäude des mehrere baugeschichtliche Epochen (Gotik, Barock, Jugendstil) umfassenden Ensembles über die historische Mauer. Vor dieser Mauer stehen oft Menschen, die sich berechtigt fühlen, die aufwendig sanierte Anlage zu kommentieren. Besucher des Dombergs räsonieren über den Mann, dem unfreiwillig der Coup gelang, die Stadt Limburg über Monate in die überregionalen Medien zu hieven.

Der unvergessene Skandal hatte sein Gutes. A: Wildfremde sprechen miteinander. B: Das Bistum verfügt nun über ein architektonisch anspruchsvolles Bauensemble, das hoffentlich viele Generationen von Nutzern und Besuchern erfreuen wird. C: Die Limburger Hirten legen ihre Finanzen offen. D: Die Bischofswohnung wurde in das Diözesanmuseum integriert, jedermann kann rein.

Den von der *Nonnenmauer* umschlossenen Garten betritt man durch einen schmalen Zugang gegenüber dem Diözesanmuseum. Als ungehörig empfand es die Volksseele, dass der Bischof den erst 2009 fertiggestellten *Garten der Stille*, mit einem kreisförmigen Steinlabyrinth in der Mitte, 2010 für über eine halbe Million Euro aufwühlen ließ. Nun blicken wir schweigend, etwas ratlos von der Treppe auf das Ergebnis hinab. Uns zu Füßen liegt ein echter »Designergarten« mit vier großen steinumfassten Quadraten, auf denen Gras wächst. Nur Gras, viel Gras. Viermal symmetrisch angeordnete Leere. Keine Blume, natürlich kein Obst, noch nicht mal Lavendelmonokultur. Man könnte sagen: ein Garten der Stille.

Das Domschatz- und Diözesanmuseum Limburg besitzt die 1.000-jährige Staurothek (Lade mit Holzpartikeln vom Kreuz Christi) und wertvolle sakrale Kunst.

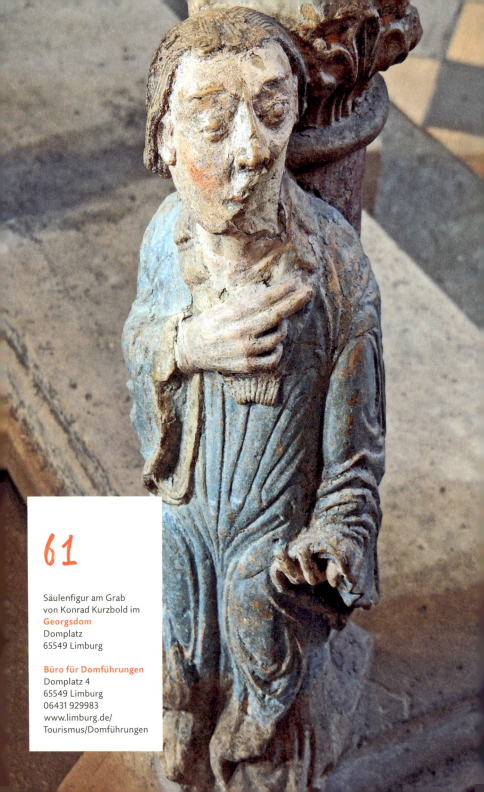

61

Säulenfigur am Grab
von Konrad Kurzbold im
Georgsdom
Domplatz
65549 Limburg

Büro für Domführungen
Domplatz 4
65549 Limburg
06431 929983
www.limburg.de/
Tourismus/Domführungen

DIE KATHEDRALE DES KONRAD KURZBOLD
Georgsdom

Sieben Türme, der Vierungsturm am höchsten, achteckig. Eine dreischiffige Emporenbasilika auf kreuzförmigem Grundriss. Neun Glocken, die nur einmal jährlich gemeinsam ertönen, nämlich zum Pontifikalamt am Ostersonntag. Ein mächtiges Gebäude hoch auf einem Felsen über dem Limburger Becken, aufmüpfig sich reckend in der Puppenstuben-Ansicht von der Autobahnbrücke aus. Der Limburger Dom, ein Bauwerk des spätromanisch-frühgotischen Rheinischen Übergangsstils, Baubeginn 1190. Die wuchtige Gestalt der einstigen Stiftskirche St. Georg und Pfarrkirche St. Nikolaus, heute Hoher Dom des Bischofssitzes, wird durch ihre weithin sichtbare bunt leuchtende Farbgebung verstärkt: dominantes Rot-Weiß, dazu Ocker, Schwarz und Grün. Es handelt sich um die während der Sanierung ab 1968 ermittelten ursprünglichen Farben – oder zumindest die vor 1872 aufgetragenen Mauertönungen. Im Jahrhundert dazwischen kleidete der Dom sich weniger spektakulär in matte Steinfarbe.

Hat man die Kathedrale von allen Seiten betrachtet, umrundet, bewundert und betritt das Gotteshaus durch das Portal an der Westseite unter dem Rosenfenster, erlebt man eine Überraschung: Das Innere wirkt schlank, luftig, hell, offen und eigentlich schmucklos, trotz der reichen Ausstattung mit sakralen Ornamenten, Wandmalereien, Skulpturen. Dies mag am großzügigen Lichteinfall durch die Fenster der Spitzbogen-Gewölbe liegen und an der aufstrebenden dreistufigen Geschoss-Struktur über den Arkaden auf einem relativ kleinen Grundriss.

Als Urvater des Doms gilt Graf Konrad Kurzbold, einer der letzten Konradiner des Niederlahngaus. Er gründete 910 ein Chorherrenstift mit Kirche in seiner Burganlage (heute Schloss hinter dem Dom). Der Legende nach war er ein mutiger Krieger, der sich nur vor Frauen und – Äpfeln fürchtete.

Konrads Hochgrab im nördlichen Querschiff wird von sechs Säulen getragen, deren fast 1.000-jährige Steinskulpturen Löwe, Bär und vier Kleriker darstellen.

IM NASSAUER LAND

62

Grafenschloss Diez
Schlossberg 8
65582 Diez
06432 507467
www.grafenschloss.
museumdiez.de
www.diejugendherbergen.de

Evang. Stiftskirche Diez
Schlossberg 13
65582 Diez
06432 2406
www.stiftskirche-diez.de

ORANJE AUF FRISOS SPUREN
Grafenschloss und Stiftskirche

Wer im Sommer in das verwinkelte Städtchen Diez unterhalb einer massigen, auf einem schroffen Felsen gelegenen Burganlage gerät, mag sich wundern über die vielen niederländischen Touristen. Ob die Oranje ihres legendären Fußballtrainers Fritz Korbach aus Diez gedenken? Der »Korbach-Effekt« ging in die niederländische Sprache ein als geflügeltes Wort für einen erfolgreichen Umschwung in aussichtsloser Lage. Nein, der Pilgerstrom hat andere Gründe – Diez ist die Wiege des niederländischen Königshauses. Und das kam so:

Johann Wilhelm Friso Fürst zu Nassau-Diez und Statthalter (West-)Frieslands beerbte 1702 seinen Großcousin, den kinderlos gebliebenen König von England, Wilhelm III. von Nassau-Oranien, als Statthalter der Niederlande. Absolut »not amused« über diese Erbentscheidung war Friedrich I., König von Preußen. Er erhob Einspruch, man verhandelte, die Angelegenheit zog sich jahrelang hin, und Friso starb zwischenzeitlich 23-jährig bei einem Fährunfall am Hollands Diep. Erst sein Sohn Wilhelm IV. errang offiziell den Titel Prinz von Oranien. Friso ist der achtfache Urgroßvater des heutigen niederländischen Königs Willem-Alexander. Frisos Mutter, Fürstin Henriette Amalie, ruht seit 1726 in einem prunkvollen Sarkophag aus Lahnmarmor und Alabaster in der gotisch-romanischen Stiftskirche von Diez.

Die ursprüngliche Grafenlinie Diez war bereits 1386 ausgestorben, die Burg fiel an die Nassauer. Im 17. Jahrhundert deklarierten sie die Grafschaft zum Wittumsgut. Die Witwen und ihre Gefolgschaft fanden die zugige Burg bald ungemütlich, baufällig, unrepräsentativ. Ab 1672 ließen sie Schloss Oranienstein bauen. Das Grafenschloss Diez diente fortan als fürstliche Verwaltung und später als Zuchthaus. In einem Lahntal-Reiseführer von 1891 heißt es: »Der Besuch des Zuchthauses ist gestattet, aber für zarte Seelen peinlich.«

Heute residieren in der Burg eine Vier-Sterne-Jugendherberge und ein Museum für Regionalgeschichte. Die Stiftskirche ist täglich, außer montags, geöffnet.

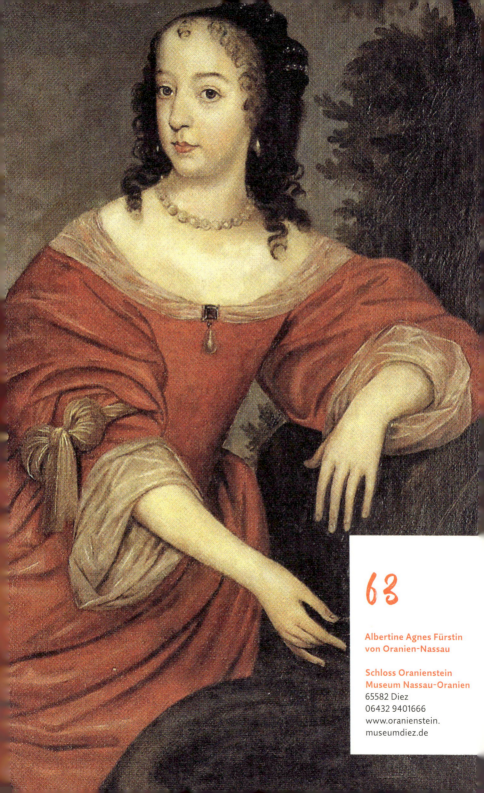

63

Albertine Agnes Fürstin von Oranien-Nassau

Schloss Oranienstein Museum Nassau-Oranien
65582 Diez
06432 9401666
www.oranienstein.
museumdiez.de

EIN CHÂTEAU DES DAMES
Barockschloss Oranienstein

Schloss Oranienstein auf einem steilen Kalkfelsen über der Lahn ist ein Glanzstück des Barock. Als Bauherrin Albertine Agnes sich im April 1672 einige Tage in Diez aufhielt, lag seit Kurzem der Grundstein. Zuvor hatten die Untertanen in Fronarbeit eine Klosterruine abbauen, Schutt räumen, Steine brechen, Kalk brennen, Bäume fällen, Bauholz anfahren, Alleen anlegen müssen. Allein entlang des Wegs nach Staffel (Limburg) pflanzten sie 1.000 Apfel- und Birnbäumchen. Berichte der beflissenen Baumeister erreichen die meist abwesende Regentin von Nassau-Diez: 2.000 Spiegelfensterscheiben aus Frankfurt holen, 23 Kamine errichten, 2.000 neue Planken und Dielen bestellen (die vorherigen waren gestohlen worden).

Die zweite Bauherrin Henriette Amalie beauftragte den Star-Architekten Europas Daniel Morot, die Schlossanlage, zu der Apotheke, Kapelle, Badehaus, Marstall, Viehhof, Park, Tiergarten und Hainwald gehörten, zu vergrößern und mit prachtvollen Stuckarbeiten in ein Juwel zu verwandeln. Der Hugenotte erschien zwar nie persönlich in Diez, erfüllte seine Aufgabe aber auf brillante Weise.

Als Napoleon sich 1811 die Freiheit nahm, die wertvolle Einrichtung samt der von Amalie hinterlassenen 400 Gemälde zu versteigern, gehörte Oranienstein zum Herzogtum Nassau. Nach langem Leerstand »entdeckte« die junge Frau von Herzog Adolph 1851 das 318-Zimmer-Schloss als Refugium aus Wiesbaden. Seit 1866 dient es militärischen Zwecken – als Kadettenanstalt, französisches Militärlager, nationalsozialistische Eliteschmiede »Napola«, nun Bundeswehrstandort. Über das Schachbrettpflaster vor dem Haupteingang, auf dem früher lebende Figuren vom Balkon aus dirigiert wurden, wandeln heute Mitarbeiter des Sanitätsdienstes. Der um 1801 gepflanzte Tulpenbaum im Lustgärtchen *Punta* auf der Felsspitze oberhalb der Lahn gedeiht nach wie vor.

In der Schlosskapelle finden Konzerte statt, ihre Decke versah Freskenmaler Jan van Dyck mit herrlichen Stuckreliefs. Der Park ist nicht öffentlich.

64

Lahnhöhen im
Nassauer Land bei Diez
Startpunkt Wanderung:
Touristeninformation Diez
Wilhelmstraße 63
65582 Diez
06432 501275
www.urlaub-in-diez.de

Touristik Nassauer Land
Obertal 9 a
56377 Nassau
02604 95250
www.nassau-touristik.de

ZEITEN VON KRIEG, PEST UND RAUB
Alte Grafschaft Nassauer Land bei Diez

Es erwies sich als glückliche Fügung, dass die Witwe Sophie-Hedwig im Jahr 1633, mitten im Dreißigjährigen Krieg, als Regentin nach Diez umzog. Bis dahin wurden die meisten Nassauer Grafschaften aus der Ferne regiert. Durch die Gegend zogen oft raubende und mordende Truppen, die das Schloss nicht aussparten. Sophie-Hedwig gestattete deshalb, die Steinbrücke über die Lahn zu sprengen. Als spanische Truppen erschienen, lud sie Befehlshaber Ferdinand von Habsburg zu Tisch, verhinderte so Plünderungen. Als die Pest ausbrach, unterstützte sie die unbeliebte Maßnahme des Amtmanns, die Kranken zu isolieren.

1664 übernahm Albertine Agnes die verwüstete Grafschaft. Die Menschen litten unter Kriegsfolgen und Schuldenlasten ihrer Obrigkeit. Die wirtschaftlich begabte Fürstinwitwe plante ein neues Wohnviertel, engagierte Stadtarzt und Apotheker, siedelte friesische Viehzüchter in einem Musterhofgut an. Sie erließ Verbote gegen »Fluchen und Schreien, Fleisches Lust, Fressen, Saufen, Hadern, Zanken, Schänden, Schmähen und Schlagen«.

Während Sophie-Hedwig und Albertine Agnes für die Gegend segensreich waren, erwies sich Henriette Amalie als schlechte Landesmutter. Dies belegen die von Klaus Eiler im Hessischen Staatsarchiv ausgewerteten Hofrechnungen. Diese Witwe und ihre sechs unverheirateten Töchter bestellten Pelze, Seide, Damast, Pantoffeln, Fischbeinröcke, Handschuhe, Schnürbrüste, Seife, Parfum. Ihr Personalbedarf war enorm – Kammerdiener, Kutscher, Lakaien, Hofdamen, Pagen, Waschmägde, Köche … Die Untertanen verrichteten zusätzliche Frondienste, schwere körperliche Arbeit. Großzügig spendete Amalie geborgtes Geld für Klingelbeutel und Arme. Das Glücksspiel verbot die Calvinistin als lasterhaft. An den Adelshöfen jedoch galt es »als gesellschaftliche Verpflichtung«.

Lahnabwärts, wo der Fluss eine große Schleife um den Steinbruch Fachingen zieht, befindet sich die 1740 entdeckte Heilquelle von Staatlich Fachingen (www.fachingen.de).

65

Aussichtspunkt Liebeslei am
Lahnhöhenweg
nach Obernhof
Startpunkt Wanderung:
Lahnbrücke
65558 Balduinstein
www.lahnwanderweg.de

GOETHES TASCHENMESSER
Lahnhöhenweg nach Obernhof

»Ich wanderte auf dem rechten Ufer des Flusses, der in einiger Tiefe und Entfernung unter mir, von reichem Weidengebüsch zum Teil verdeckt, im Sonnenlicht hingleitete.« Der Lahnwanderung, die der 23-jährige Goethe im September 1772 von Wetzlar nach Ehrenbreitstein am Rhein unternahm, widmet der Meister ein paar Seiten in seiner Autobiografie *Dichtung und Wahrheit*.

Eine der schönsten, allerdings auch bergigsten Strecken des Lahnwanderwegs ist die in Laurenburg auf den Lahnhöhenweg (Westerwaldseite) ansteigende Etappe von Balduinstein nach Obernhof (19 Kilometer). An malerischen Aussichtsplätzen mangelt es hier nicht, sie tragen illustre Namen wie *Saukopp*, *Gabelstein*, *Wolfslei*, *Liebeslei*, *Goethepunkt*. »Mein Auge, geübt, die malerischen und übermalerischen Schönheiten der Landschaft zu entdecken, schwelgte in Betrachtung der Nähen und Fernen, der bebuschten Felsen, der sonnigen Wipfel, der feuchten Gründe, der thronenden Schlösser und der aus der Ferne lockenden blauen Bergreihen.«

Der junge Jurist litt an Liebeskummer wegen Charlotte Buff, wollte sich mit Naturerlebnissen ablenken. Unterwegs verleiten seine trüben Gedanken, seine Zukunft als Poet betreffend, ihn zu einer »Grille«: Er schleudert sein schönes Taschenmesser »gewaltsam nach dem Flusse hin«. Diese unbedachte Tat dient ihm als Orakel: »Sähe ich es hineinfallen, so würde mein künstlerischer Wunsch erfüllt werden; würde das Eintauchen des Messers durch die überhängenden Weidenbüsche verdeckt, so sollte ich Wunsch und Bemühung fahren lassen.« Tatsächlich sieht Goethe nur eine Fontäne hochspritzen, was ihn in noch schlechtere Laune versetzt: »[I]ch legte diese Erscheinung nicht zu meinen Gunsten aus«. In Ems angekommen, genießt Goethe »einige Male des sanften Bades« und beendet seine Reise auf einem Kahn flussabwärts bis zum Rhein gleitend.

Die Trutzburgruine Balduinstein, Schloss Schaumburg, der Bergfried der Ruine und Schloss Laurenburg sind markante Blickfänge der Tour.

**Weinlage Goetheberg
Weingut Schreiberlay**
Hauptstraße 8
56379 Obernhof
02604 369
www.schreiberlay.de

Touristik Obernhof
Hotline 0173 5355193
www.obernhof.net

LAHNWEIN VON LIEBLICH BIS TROCKEN
Weinlagen Goetheberg und Giebelhöll

Steillagen, Sandstein, Schieferböden kennzeichnen den Lahnwein. Mit sieben Hektar Rebfläche, den beiden Lagen Obernhofer Goetheberg und Weinährer Giebelhöll, offiziell acht, real fünf Winzern, den Sorten Riesling, Müller-Thurgau, Kerner, Spätburgunder, Regent ist das Lahntal die zweitkleinste Großlage im Anbaugebiet Mittelrhein – ihr Anteil beträgt nur 1,52 Prozent. An der Lahn wird seit dem 12. Jahrhundert Wein angebaut, um 1620 erstreckte sich das Weingebiet über 100 Hektar von Lahnstein bis Marburg. Der Goetheberg trägt erst seit 1971 den berühmten Namen, er umfasst die Lagen Schreiberlay, Esterweg und Richterpfad. Die Rieslinge von der Lahn riechen fruchtig, schmecken saftig, säurebetont, schlank. Der Schieferboden gibt ihnen eine mineralische Note. Eine trockene Spätlese des Jahrgangs 2011 von Uwe Haxel errang erstmals in der Geschichte des Lahn-Rieslings eine Goldene Kammerpreismünze. Nicht dass die Lahnweine von minderer Qualität wären. Aber eine Bewerbungsbedingung ist die Verfügbarkeit einer Mindestmenge. Wer Kleinstmengen keltert, darf sich nicht bewerben. Doch für Weinfreunde erhöht es den Genuss, eine Rarität zu ergattern. Die längste Tradition hat der Rotwein von der Lahn. Spätburgunder, der Klassiker, gerät säurehaltiger als andernorts, dies liegt am kühleren Klima. Die Neuzüchtung Regent ist feurig und hat südländischen Charakter.

Helge Ehmann vom Weingut Schreiberlay ist ein leidenschaftlicher Ökowinzer. Sein Riesling stammt von wurzelechten Reben, die 1929 gesetzt wurden. Alte Reben sind nicht nur aus Nostalgiegründen beliebt. Tatsächlich gelingt das Aroma der Trauben aufgrund des abnehmenden Ertrags der alten Weinstöcke vielschichtiger. Das schlägt sich in einem höheren Preis nieder. Da Lahnwein aber von den Erzeugern direkt vermarktet wird, bleibt er erschwinglich.

Weinlokale in Obernhof und Weinähr: Weinstube und Winzerhaus Haxel (www.lahnweingut-haxel.de), Weingut Massengeil&Beck (www.lahnwein.de), Weinstube Arnsteiner Hof (www.arnsteiner-hof.de), Weinkeller Giebelhöll (www.giebelhoell.de), Landhotel Weinhaus Treis (www.landhotel-treis.de).

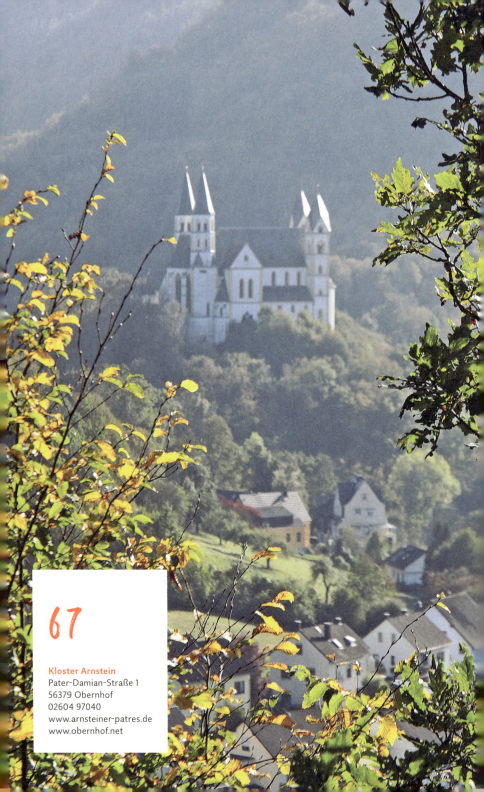

67

Kloster Arnstein
Pater-Damian-Straße 1
56379 Obernhof
02604 97040
www.arnsteiner-patres.de
www.obernhof.net

LÄUTERUNG EINES RAUBRITTERS
Kloster Arnstein

Rundherum Wald. Tief unten in der Talsenke plätschert der Dörsbach, vom Jammertal kommend, in die Lahn. Auf der gegenüberliegenden Höhe reihen sich die Rebstöcke am Obernhofer Goetheberg. Die Glocken läuten zur Pilgermesse. Die ehemalige Prämonstratenser-Abtei Arnstein, die im Rahmen der Säkularisierung 1803 aufgelöst wurde, verdient heute den Namen Kloster wieder. Der deutsche Zweig der katholischen Picpus-Patres übernahm die Gebäude im Jahr 1919 und errichtete dort einen Wallfahrtsort zum Heiligsten Herzen Jesu. International zählt der Orden 500 Brüder und Schwestern in 25 Ländern. Heute leben neun Arnsteiner Patres in dem Konvent an der Lahn; sie verköstigen und beherbergen Pilger, feiern von Mai bis September Wallfahrtsgottesdienste, betreiben eine Jugendbegegnungsstätte und arbeiten als Seelsorger in Pfarreien und Krankenhäusern, ein Pater ist sogar Polizeiseelsorger.

Die Geschichte des Klosters begann spektakulär: Ludwig III. von Arnstein (1109–1185), ein verrufener Raubritter, wandelte sich 1139 vom Saulus zum Paulus, wurde Mönch und stiftete den Bau eines Prämonstratenser-Klosters in seiner Burganlage. Seine kinderlose Gattin Guda soll darüber anfangs nicht begeistert gewesen sein, vermutlich, weil ihre Mitgift, das pfälzische Dorf Bubenheim, auch in die Stiftung einfloss. Schließlich wurde sie selbst zur »Inkluse«, einer religiösen Eremitin, und unterstützte Ludwig beim Aufbau weiterer Klöster und Kirchen.

Einige mittelalterliche Teile der Anlage sind trotz der Freigabe zum Abbruch 1817 bis heute erhalten: in der dreischiffigen romanischen Klosterkirche die Reste des originalen Fliesenfußbodens (1210), die eisenbeschlagene Tür der westlichen Vorhalle, das Chorgestühl. Auch Teile der Klostergartenmauer, die Ruine der Burgkapelle und diverse Bauteile aus dem 14. bis 18. Jahrhundert existieren noch.

Von Mai bis Oktober treten namhafte Künstler beim Kulturfestival Gegen den Strom an Spielorten zwischen Diez und Lahnstein auf (www.festival-gegen-den-strom.de), darunter Kloster Arnstein.

68

Nassauer Rathaus
Am Adelsheimer Hof 1
56377 Nassau
www.stadt-nassau.de

Burg Nassau
Glockenstraße
56377 Nassau

WALRAM, OTTO UND JOHANNS SÖHNE
Nassauer Rathaus und Burg Nassau

Zu den wertvollsten Fachwerkarbeiten an Lahn und Rhein gehören die Schnitzereien am Adelsheimer Hof (1607), dem heutigen Rathaus am Nassauer Marktplatz. Auf alten Stichen zeigt sich Nassau umgeben von Türmen und Burgen, deren heutige Spuren auf eine turbulente Vergangenheit verweisen. Da ist Burg Nassau mit dem auffälligen Bergfried mit Ecktürmen, um 1120 widerrechtlich von den Laurenburger Grafen gebaut, nach frühem Verfall und Kriegszerstörungen fantasievoll rekonstruiert. Weiter unten am Bergkegel finden sich Reste der Burg Stein, die seit 1621 verfiel, weil die Freiherren sich ein modernes Schloss bauten. Längst verschwunden sind die Reste von Burg Crummenau am Berg.

Die Nassauer Grafen waren ein ehrgeiziges Geschlecht, das es über Jahrhunderte verstand, durch Heiratspolitik, Gebietsreformen, kirchliche Karrieren und Religionswechsel in die Machtzentren europäischer Königshöfe vorzudringen. Eine entscheidende Weiche stellten dabei die Nassau-Söhne Otto und Walram, die 1255 ihre Besitzungen aufteilten, mit beachtlichen Folgen: Die ottonische Linie mündet ins niederländische Königshaus, aus dem Walramer Zweig sprossen die Großherzöge von Luxemburg.

Die dynastische Einheit der beiden Linien könnte das wichtigste Erfolgsrezept für den Machtausbau der Nassauer gewesen sein. Ein Beispiel dafür findet man bei den Nachkommen von Johann VI. von Nassau, dem Bruder des Freiheitskämpfers Wilhelm der Schweiger. Johanns fünf auf Dillenburg, Siegen, Beilstein, Hadamar und Diez verteilten Söhne vereinbarten 1606, dass (in der männlichen Linie) aussterbende Familien ihren Besitz im Nassau-Klan weitervererbten. Außerdem einigten sie sich auf den calvinistischen Heidelberger Katechismus, eine Polizeiverordnung, einen Gerichtshof und eine Währung. Dass dieser Burgfriede spätere Scharmützel nicht verhinderte, versteht sich von selbst.

Im Gegensatz zu Bad Ems wurde Bad Nassau im Zweiten Weltkrieg zu 80 Prozent zerstört und verlor den Bad-Status. Nassau war Entladestation für Munition.

69

Grabkappelle des Freiherrn vom Stein
neben Evang. Thomaskirche Frücht
Schulweg
56132 Frücht

Freiherr-vom-Stein-Pfad
Startpunkt: Emserstraße Ortsausgang Richtung Nievern
56132 Frücht
Karten zum Wanderweg:
www.fruecht.info

DER NASSAUER STAATSERNEUERER
Grabkapelle und Freiherr-vom-Stein-Pfad

Am 23. Juli 1831 wurde Karl Freiherr vom Stein (1757–1831) in der Grabkapelle des malerisch gelegenen Dorfes Frücht beigesetzt. Der von Pferden gezogene Leichenwagen brauchte von Nassau bis Frücht drei Stunden und war zuvor vom westfälischen Cappenberg gekommen. Wer war dieser neunte Spross einer Nassauer Familie von Reichsrittern, die dem Kaiser unmittelbar verpflichtet waren? Er ging als Reformer und Frühliberaler in die deutsche Geschichte ein. In Denkschriften bekannte er sich zum Recht auf Eigentum, zu Bauernbefreiung, religiöser Toleranz, Meinungs- und Pressefreiheit, städtischer Selbstverwaltung. Er entwarf moderne Verfassungen für Frankfurt und das Herzogtum Nassau. Er machte sich bei König Friedrich Wilhelm III., Königin Luise und Zar Alexander I., sogar bei Napoleon unentbehrlich – und brüskierte die gekrönten Häupter.

Die lutherischen Steins lebten von ihren Gütern an Rhein und Lahn. Steins Mutter Karoline führte ein weltoffenes Haus, in dem Sophie von La Roche, Lavater, Goethe verkehrten. Karl begann seine Karriere als Königlicher Kammerherr bei Friedrich dem Großen, avancierte rasch im preußischen Dienst zum Finanz-, Wirtschafts- und Innenminister.

Diplomatie war nicht seine Stärke. Stein war kein braver Staatsdiener, sondern ein Querkopf, der scharf formulierte Kritik in alle politischen Richtungen und Etagen abschoss. Der preußische König entlässt ihn 1806 für »respektwidriges und unanständiges Benehmen« – holt ihn 1808 zur Reorganisation Preußens zurück. Während seiner Auszeit verfasst Stein die *Nassauer Denkschrift* zur Staatserneuerung. Wieder im Amt verärgert er Napoleon, wird erneut entlassen, verfolgt, im böhmischen Exil bespitzelt. Nun bittet ihn der Zar um Beratung. 1814 verhandelt Stein beim Wiener Kongress. Seine letzten Lebensjahre verbringt er auf Schloss Cappenberg – schreibend und politisierend.

Zur Erinnerung an die Befreiungskriege gegen Napoleon ließ Stein einen achteckigen Turm neben sein Nassauer Schloss bauen (Turmführungen für Gruppen: Gräfliche Verwaltung, 02604/97080).

Apostel Petrus
kopfüber gekreuzigt
Glasgemälde, um 1260

Sankt Kastorkirche
Kirchgasse
56132 Dausenau
02603 6256
www.kirchengemeinde-dausenau.info

APOSTEL PETRUS KOPFÜBER
Sankt Kastorkirche

Ein typischer Baselitz? Der Gegenwartskünstler stellt gern die Welt in (gerade auch sakralen) Gemälden auf den Kopf, verfremdet die Perspektive und verwirrt so den Betrachter. Diese vermeintlich moderne Glasmalerei jedoch ist fast 800 Jahre alt. Der abgebildete Apostelheilige Petrus zierte wahrscheinlich neben einer Glasabbildung des Heiligen Paulus ein Ostfenster im nordöstlichen Nebenchor der Klosterkirche Arnstein. Wertvolle Glasmalereien schmückten einst auch die Fenster der Sankt Kastorkirche in Dausenau. Sie ist bis heute eine der interessantesten Kirchen im Nassauer Land, mit sehenswerten Wandmalereien, Flügelaltar, modernen Schmuckfenstern und einer neuen Pfeifenorgel.

Nach der Säkularisierung, 1803, verkaufte das Herzogtum Nassau als weltlicher Besitzer Kirchen und Klostergebäude. Der Reformpolitiker Freiherr vom Stein romantisierte das Mittelalter, wie viele Zeitgenossen, und sah in der damaligen Ordnung das Vorbild eines idealen Nationalstaats. Mittelalterliche Burgen, Künste und Handwerkstugenden sollten gerettet werden. Stein erwarb also alte Glasmalereien aus Kirchen oder tauschte sie auf Wunsch der Gemeinden gegen einfache, unbemalte Fenster. So brachte er eine stattliche Sammlung von 51 Exponaten zusammen, von denen er viele in seinen neogotischen Nassauer Turm einbaute, was man heute noch an der spitz zulaufenden Rahmenform der Fensteröffnungen erkennt. Die meisten Fenster stammten aus der Sankt Kastorkirche Dausenau und aus Kloster Arnstein. Durch diese Aktion gelang es Stein, ein seltenes, von Luftverschmutzung unbelastetes Kulturgut zu retten.

20 farbige Fenster, die zu den wichtigsten Glasmalereien Deutschlands zählen, überstanden die Kriege des 19. und 20. Jahrhunderts und sind jetzt in der Mittelalterabteilung des Westfälischen Landesmuseums in Münster zu besichtigen – leider nicht im Lahntal.

Im *Alten Wirtshaus an der Lahn* in Dausenau kehrte Goethe mehrfach ein und kritzelte ein paar Verse auf einen Tisch.

71

Marmorsaal im
Kursaalgebäude
Römerstraße 8
56130 Bad Ems
02603 9730
www.staatsbad-badems.de

**Fürstlich-Oranien-
Nassauisches Badehaus**
heute: Häckers Hotel
Römerstraße 1
56130 Bad Ems

»UND UNTEN IMMER DER FLUSS«
Kursaalgebäude und einstiges Fürstliches Badehaus

»In seiner Anmut liegt der Kurort verschämt und verloren da, missachtet, weil er einmal ein so berühmtes Kaiserbad war und weil er nach den besseren Zeiten dann gleich die ganz gewöhnlichen gesehen hatte, in denen Sozialverschickte aus dem Ruhrgebiet ihren Bronchialkatarrh und ihre Kreislaufstörungen kurierten.« Wer könnte den in die Enge zwischen Taunus- und Westerwaldhöhen gequetschten historischen Badeort Ems an der Lahn besser beschreiben als der Schriftsteller Botho Strauß? Der wuchs im Kurviertel im Gebäude des ehemaligen Hotels Stadt Wiesbaden auf und setzt Bad Ems in dem Prosatext *Herkunft* ein Erinnerungsmal.

Das innen in grellen Farben plüschig gestaltete Häckers Grand Hotel, im frühen 18. Jahrhundert als Fürstlich-Oranien-Nassauisches Badehaus errichtet, bemüht sich heute mit zweifelhaftem Erfolg, eine längst verschwundene mondäne Welt auferstehen zu lassen. Dieser Architekturkomplex, in dem sich auch die Brunnenhalle mit den Heilquellen *Emser Kränchen*, *Kesselbrunnen* und *Kaiserbrunnen* befindet, fügt sich harmonisch in die monumentale Front mit Kolonnaden und Kursaalgebäude, darin Marmorsaal (1829) und Kurtheater. Die Emser Heilquellen erreichen Temperaturen bis zu 57 Grad Celsius und wirken heilend auf Bronchien, Kehlkopf, Rachen, Magen-Darm und Stoffwechsel. Aus den Salzen des *Robert-Kampe-Sprudels* werden die *Emser Pastillen* hergestellt, als Mittel gegen Halsweh, Heiserkeit, Hustenreiz.

Der Fassade schließt sich eine kleine Spielbank an, die die älteste Konzession in deutschen Landen besitzt – ab 1720, allerdings von 1872 bis 1987 zwangspausierend. Wer Muße und Mut aufbringt, einen Abend im Casino beim Roulette zu verbringen, mit luchsäugigen Croupiers und Spielern, die ihre Jetons nonchalant über den Tisch schnipsen, lernt das Gruseln im mühsamen Lächeln der Verlierer kennen.

Bad Ems bewarb sich mit zehn weiteren historischen Badeorten als Weltkulturerbe für *Great Spas of Europe* und kam mit Baden-Baden und Bad Kissingen in die engere Wahl. Das Architekturensemble steht unter Denkmalschutz.

72

Russisch-Orthodoxe Kirche
Wilhelmsallee 12
56130 Bad Ems
02603 5099162
www.ruskirche-bad-ems.de

NOBEL GING DIE WELT ZU WASSER
Russische Kirche und Kaiserarchitektur

Für die russischen Gäste des »Kaiserbads« Ems entstand 1876 die der Heiligen Alexandra gewidmete russisch-orthodoxe Kreuzkuppelkirche. Kein Wunder: Ems ist einer der ältesten europäischen Badeorte, dessen Mineralquellen die Reichen, Mächtigen, Schönen anlockten. Monarchen, Geschäftsleute, Künstler – vor allem im 19. Jahrhundert gab sich die feine Gesellschaft sommers ein Stelldichein in Ems, ab 1913 Bad Ems. Davon zeugen prunkvolle Villen aus der Kaiserzeit, in denen Hotels, Pensionen, Logierzimmer und Suiten untergebracht waren. Sie hießen Russischer Hof, Belle Vue, Stadt London, Stadt Wiesbaden, Braunschweiger Hof, Englischer Hof ... Im barocken Haus *Vier Türme* residierte regelmäßig das Zarenpaar Alexander II. und Marie von Hessen und bei Rhein. Eine der bombastischsten Nobelherbergen war Schloss Balmoral, in dem König Alexander von Serbien und auch Richard Wagner abstiegen – Letzterer soll hier die Oper *Parsifal* vollendet haben.

Im Emser Marmorsaal konzertierten Berühmtheiten wie Franz Liszt und Clara Schumann am Flügel. Zu den Badegästen zählten die Komponisten Giacomo Meyerbeer, Carl Maria von Weber, die Schriftsteller Nicolai Gogol und Fjodor Dostojewski, der hier an seinem Roman *Die Brüder Karamasow* arbeitete, Victor Hugo und der Maler Eugène Delacroix, allgemein viele Franzosen, vom geschäftstüchtigen Casino-Pächter Aimé Isidore Briguiboul umworben.

1858 reiste Jacques Offenbach, im Anschluss an seinen Berliner Triumph mit den *Bouffes Parisiens*, nach Ems. Er arbeitete gerade an der Operette *Orpheus in der Unterwelt*. Zwölf Jahre kurierte er fast jeden Sommer in Ems seine Gelenkschmerzen, häufig trat seine Truppe hier auf. Nach 1870 allerdings »vertraute er seine rheumatischen Beschwerden den Wohltaten der Brunnenkur von Aix-les-Bains an«, berichtet der französische Opernhistoriker Dominique Ghesquière. Stichwort Emser Depesche ...

Das Kur- und Stadtmuseum vermittelt die Geschichte des Kurbads Ems seit der Römerzeit und gibt Einblick in den Alltag der Kurgäste und Dienstleute (www.museum-bad-ems.de).

Emser Therme
Viktoriaallee 25
56130 Bad Ems
02603 97900
www.emser-therme.de

**Tourismusinformation
Bad Ems**
Bahnhofplatz 1
56130 Bad Ems
02603 94150
www.bad-ems.info

KURENDER KÖNIG KOMMT ALS KAISER ZURÜCK
Emser Therme

Preußens König Wilhelm I. (1797–1888) genoss jedes Jahr das Emser Heilwasser und lauschte gern der Musik von Jacques Offenbach. Als er 1871 nach Ende des Deutsch-Französischen Krieges zur üblichen Sommerkur anreist, muss er auf dieses Vergnügen verzichten. Keine Franzosen in Ems. Frankreich hat den Krieg verloren, muss das Elsass und Gebiete in Lothringen abtreten, noch dazu hat sich Wilhelm I. ausgerechnet in Versailles zum Deutschen Kaiser proklamieren lassen. Ein Affront, »rien ne va plus«. Die ein Jahr zuvor, im Juli 1870, verschickte Emser Depesche ging als kriegsauslösend in die Geschichtsbücher ein – ein ausführliches Telegramm von Geheimrat Heinrich Abeken an Otto von Bismarck in Berlin über ein Treffen des Königs mit dem französischen Botschafter Graf Benedetti. Dieser hatte dem Regenten Forderungen von Napoleon III. in Sachen Verzicht der Hohenzollern auf die spanische Thronfolge überbracht. Bismarck veröffentlichte den Wortlaut des Telegramms in zugespitzter Form, verletzte damit die nationalen Gefühle Frankreichs, woraufhin Napoleon III. wie erwartet Deutschland den Krieg erklärte.

Die Zeit der Kaiser, Könige und Zaren in Bad Ems ist längst passé. Das heilende Wasser sprudelt aber noch. Die moderne Badelandschaft der Emser Therme erfreut die Gäste mit einer schwimmenden Fluss-Sauna samt Panorama- und Sonnendecks an und auf der Lahn. Die Blütezeit anderer Emser Schätze, der Bodenschätze aus den Erz- und Silberminen, endete erst in den 1960er-Jahren.

Mag Bad Ems ins Weltkulturerbe aufgenommen werden, mögen viele Rehabilitanden in den Kliniken auf der Bismarckhöhe gesunden, so halten wir es doch melancholisch mit Botho Strauß: »Nie wieder wird es hier berühmte Kurgäste geben.« Auf manchen Nachruhm verzichtet man gerne: Adolf Hitler feierte 1939 Weihnachten in Bad Ems, viele Nazi-Größen erholten sich hier.

Über die Geschichte des Bergbaus informiert ein Museum im ehemaligen Steigerhaus der Emser Bleihütte (www.emser-bergbaumuseum.de).

74

Zwei der ältesten Lahnwehre von 1859
35781 Weilburg-Kirschhofen

Fahrten ab Bad Ems:
Personenschiffahrt Lahnstolz
(Mai–September)
Anlegestelle »An der Römerquelle«
56130 Bad Ems
02603 4376
www.lahnstolz.de

WEHRE, ZÖLLE, TREIDELPFADE
Lahnschifffahrt zum Rhein

Die Lahn ist ein Nebenfluss des Rheins und dieser die bedeutendste Binnenwasserstraße Europas. Daraus entstanden wichtige Vorteile für Industrie, Handel und Handwerk in den Regionen an der Unteren Lahn. Erze, die man in den Gruben Friedrichssegen oder Georg-Joseph in Wirbelau, der größten Eisenerzgrube an Lahn und Dill, zutage förderte, mussten transportiert werden, ebenso Kalk aus Diezer und Steedener Steinbrüchen, auch Korn und Wein. Der Bahngüterverkehr entwickelte sich erst nach 1858, aber hatte man nicht eine natürliche Wasserstraße?

Bis ins 19. Jahrhundert wurden Boote flussaufwärts an beiden Ufern von Pferden auf Treidelpfaden gezogen, die jedoch das Flussufer nicht durchgängig säumten. Mühsam. Flussabwärts ging es leichter. Jedoch war die Fahrgeschwindigkeit schlecht kalkulierbar, weil von der mal gemütlichen, mal reißenden Strömung mit Niedrigstand, Überschwemmung oder Eisbildung abhängig. Alle paar Kilometer glitt man in ein Wehr, stieß auf eine Zollschranke. Die diversen Versuche der Landgrafen von Hessen und der Kurfürsten von Trier, die Lahn für die Berufsschifffahrt auszubauen, scheiterten an der Uneinigkeit der zahlreichen Territorialherren mit Zollrechten, die klingende Münze lieber kassierten als ausgaben. Dies änderte sich erst, als das Lahntal grenzfrei von Lahnstein bis hinter Löhnberg im Herzogtum Nassau aufging. Die Ufernachbarn Preußen, Nassau und Hessen ließen 20 Schleusen von der Mündung bis Wetzlar bauen und in Weilburg den einzigen Schifffahrtstunnel Deutschlands.

1981 fuhr der letzte Frachter die Lahn hinab, der Fluss gehört nun ganz den Skippern, Kanuten, Paddlern, Anglern und Ausflüglern. Das Baggerschiff *Greif* tourt unermüdlich und hält die Flussfahrrinne auf 1,60 Meter Solltiefe. Denn die Lahn soll auch ohne Berufsschifffahrt ihren Status als Bundeswasserstraße behalten.

Von Ostern bis Oktober befahren die Ausflugsschiffe *Wappen von Stadt Bad Ems*, *Limburg*, *Stadt Nassau* und zwei *Lahnarche*-Flöße die Lahn.

75

**Freilichtmuseum
Limeskastell Pohl**
(Februar–November)
Kirchstraße
56357 Pohl
06772 9680768
www.limeskastell-pohl.de

EINE RÖMISCHE GRENZMAUER
Freilichtmuseum Limeskastell

Die Deutsche Limesstraße führt mitten durch Bad Ems vom Westerwald in den Taunus, der Limes-Radweg kreuzt die Lahn auf Höhe der Emser Therme. Keine Willkür touristischer Namensgebung: Das westlich von Bad Ems liegende Lahntal gehörte zur römischen Provinz Obergermanien mit der Hauptstadt Mogontiacum, Mainz, während das Nassauer Gebiet dem freien Germanien angehörte.

Der zwischen den Jahren 85 und 260 nach Christus errichtete Obergermanisch-Rätische Limes (UNESCO-Weltkulturerbe) vom Rhein zur Donau war 550 Kilometer lang und mit Palisadenwänden gesichert. Er wurde von 900 Türmen aus streng bewacht. Bei Ausgrabungen entdeckte man entlang des Limes etwa 100 Kastelle und unzählige Kleinkastelle, in denen 35.000 Soldaten postiert gewesen sein sollen. In Bad Ems wurden Reste von zwei römischen Numeruskastellen gefunden, kleinen Lagern für nichtrömische Hilfstruppen aus der Region. Das Kleinkastell Pohl entstand wohl an der Wende vom ersten zum zweiten Jahrhundert nach Christus. Der Nachbau liegt leicht versetzt zum Fundort.

Das mit Wall, Brustwehr, Aufgängen, Tor und Wachtturm modellhaft rekonstruierte Kleinkastell aus der Limes-Frühzeit, zehn Kilometer südöstlich von Nassau gelegen, authentisch in Holz-Erde-Bauweise errichtet, soll dem Besucher Informationen zu Militärgeschichte, römischen Reichsgrenzen und Limesarchitektur vermitteln. Beim Konzept für die Nachbauten in Pohl orientierten sich die Fachleute an Abbildungen auf einer 200 Meter langen Reliefspirale an der Trajansäule in Rom (113 nach Christus), die in 155 Szenen die Errichtung einer Reichsgrenze an der unteren Donau zeigen. Den Spezialisten gelang mit diesem Freilichtmuseum eine nach heutigem Forschungsstand authentische Rekonstruktion eines römischen Kleinkastells. Der Name des Dorfes Pohl leitet sich von »Pfahlgraben« ab.

Im Kastell finden Konzerte, Vorträge, Weinproben, Workshops, Tagungen und andere kulturelle Events statt. Im Culinarium gibt es römische Gerichte.

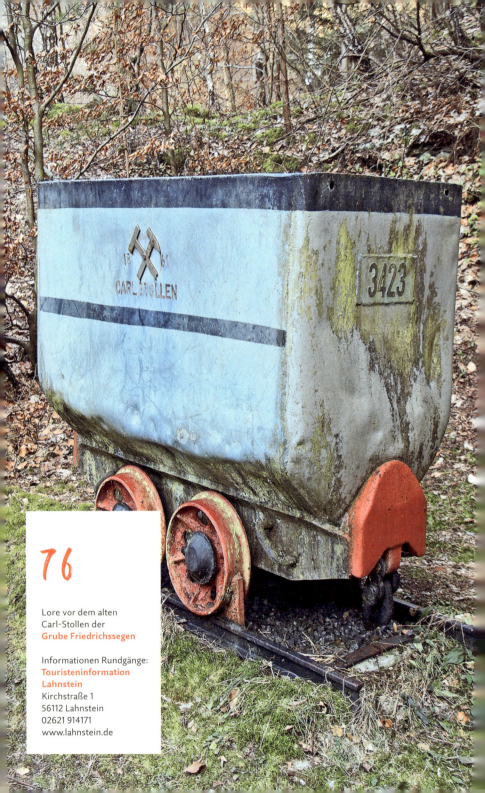

76

Lore vor dem alten
Carl-Stollen der
Grube Friedrichssegen

Informationen Rundgänge:
**Touristeninformation
Lahnstein**
Kirchstraße 1
56112 Lahnstein
02621 914171
www.lahnstein.de

KEIN »GLÜCKAUF« MEHR!
Bergbaurundgänge rund um die alte Grube Friedrichssegen

Die Bergbaugeschichte des unteren Lahntals ist urkundlich seit Kaiser Barbarossas Zeiten im 12. Jahrhundert belegt, wobei auch schon während der römischen Besetzung nach Erzen gegraben wurde. Die meisten Erinnerungen und historischen Zeugnisse gibt es über die Zeche Friedrichssegen, deren wirtschaftliche Blütezeit zwischen 1850 und 1900 lag. Bei einem Spaziergang durch den Friedrichssegener Wald entdeckt man einstige Stolleneingänge, die Reste eines Bergmannsfriedhofs und einer Kirche. In den 1880er-Jahren maßen die Schacht- und Stollenstrecken 22.723 Meter, davon waren 18.200 mit Lorenschienen belegt. Das Bergwerk war bis 664 Meter tief, man förderte mehr als 13.000 Tonnen Erze im Jahr. Zum Heinrich-Stollen führte seit 1880 auf 2,5 Kilometern die erste Zahnradbahn Preußens.

All dies ist in der Chronik des Heimatforschers Hans-Günther Christ (1929–2009) nachzulesen. Die Grube Friedrichssegen ernährte ihm zufolge im Jahr 1886 mehr als 1.400 Menschen – 575 Mitarbeiter und ihre Familien. Ein »Hauer in der Grube« (Bergmann mit Prüfungsabschluss) arbeitete acht Stunden, ein »Aufbereiter über Tage« zwölf Stunden bei weniger Stundenlohn.

Die Siedlung war bestens ausgestattet mit Schule, Krankenanstalt, Apotheke, Badeanstalt und Casino für Beamte und Arbeiter. Es fehlten nur noch Kirchen für die zwei christlichen Konfessionen, die Gottesdienste wurden in Schule und Betsaal gefeiert. Man löste dieses Problem auf pragmatische Weise und baute 1888 eine Simultankirche für beide Gemeinden. Leider währte das wirtschaftliche Glück kurz: Die zweite Bergbau-Aktiengesellschaft ging 1913 in Konkurs, die erste hatte schon 1900 mangels guter Förderprognosen aufgegeben. Der letzte Gottesdienst in der Friedenskirche fand 1917 statt, ihr Inventar wurde meistbietend an andere Gemeinden verhökert, und 1937 wurde das Gebäude »übungshalber von Koblenzer Pionieren gesprengt«.

Der Geschichte der Erzgewinnung unter Tage und dem Alltagsleben der Grubenarbeiter widmet sich das Bergbaumuseum Grube Friedrichssegen (www.bergbaumuseum-friedrichssegen.de).

77

Blick von
Burg Lahneck
Fußweg ab Parkplatz:
Am Burgweg
56112 Lahnstein
www.burg-lahneck.de

WO DIE LAHN IN DEN RHEIN STRÖMT
Burg Lahneck

Zwischen Allerheiligenberg und Burg Lahneck arbeitet die Lahn sich ins Obere Mittelrheintal vor, überragt von der hoch in den Fels gehauenen *Bäderstraße*, der B 260, weiter unten flankiert von Emser Straße und Lahntalradweg, überspannt von einer markanten Eisenbahnbrücke, bedrängt von Schleusen und Freizeitbooten, gekreuzt von der B 42 – das alles auf einer Strecke von etwa 850 Metern, bevor sie sich nach einem weiteren Kilometer mit dem Rhein vereint. Einen spektakulären Blick auf den Fluss hat man vom Fußweg, der zu Burg Lahneck führt. Die thront über Oberlahnstein und könnte auch »Lahn-Rhein-Eck« heißen, liegt sie doch direkt gegenüber dem linksrheinischen Schloss Stolzenfels.

Die um 1230 entstandene Burganlage lässt auf strategische Motive der Erbauer schließen. Es handelt sich um den nördlichsten Wehrbau im Kurfürstentum Mainz, der dem Schutz des Silberbergwerks Tiefenthal diente. Lahneck war über Jahrhunderte ein Zankapfel adliger Burgmannen und Mainzer Bischöfe. Im Dreißigjährigen Krieg wurde die Burg sowohl von schwedischen als auch von kaiserlichen Truppen besetzt und zerstört. Daraufhin ordnete der Erzbischof an, sie »von selbst verfallen zu lassen«, von da an diente sie als Steinbruch für Neubauten.

In den 1770er-Jahren entdeckte der junge Johann Wolfgang Goethe die fast vergessene Ruine und würdigte sie mit einem poetischen *Geistesgruß*. Eine Dichtergeneration später wurde die Burgenromantik an Rhein, Lahn und Mosel propagiert. Der Ritterbegeisterung des 19. Jahrhunderts verdankt Burg Lahneck eine (Re-)Konstruktion nach neugotischem Geschmack rund um die Reste der Kernburg. Wieder wechselte sie häufig die Besitzer, jeder bastelte ein wenig an ihr herum, bis sich 1937 ein Architekt aus dem Lahntal vornahm, anhand eines Merian-Kupferstichs den spätmittelalterlichen Zustand nachzubauen.

Von der Terrasse der Burgschenke auf Burg Lahneck hat man einen schönen Blick ins Lahntal. In der Nähe der Burg gibt es einen Campingplatz (www.camping-burg-lahneck.de).

Lahnmündung in den Rhein bei Lahnstein
Lahnstein gehört zum UNESCO-Welterbe Oberes Mittelrheintal

QUELLENVERZEICHNIS

29: Hessische Gesellschaft für Ornithologie und Naturschutz. Arbeitskreis Marburg-Biedenkopf. www.hgon-mr.de

27: Justus Meinardi: Kreis Biedenkopf. Tradition und Fortschritt. Wetzlar (Wetzlardruck) 1970. S. 7

31: Friedrich Piesk: Gemaltes Hessen. Hessische Malerei des 19. und 20. Jahrhunderts im Freilichtmuseum Hessenpark. Neu-Anspach/Taunus (Förderkreis Freilichtmuseum Hessenpark e. V.) 2011. S. 55

33: Leny Schellenberg-de Kreij: Vom Rabenfrauen und andere Geschichten. Marburg (Wenzel) 2004. S. 78

37, 39, 41, 45, 51: Erhart Dettmering: Kleine Marburger Stadtgeschichte. Regensburg (Friedrich Pustet) 2007. S. 22, 25, 56, 86, 91, 171

37, 39: Matthias Werner: Die heilige Elisabeth und die Anfänge des Deutschen Ordens in Marburg. In: Erhart Dettmering/Rudolf Grenz (Hrsg.): Marburger Geschichte. Marburg (Magistrat) 1980. S. 121–164. S. 124, 136, 162 ff.

43, 63, 117, 175, 187: Michael Losse: Die Lahn. Burgen und Schlösser. Von Biedenkopf und Marburg über Gießen, Wetzlar und Weilburg bis Limburg, Nassau und Lahnstein. Petersberg (Michael Imhof) 2007. S. 71, 93, 115, 140–144, 153–159, 163

49: Ellen Kemp/Katharina Krause/Ulrich Schütte: Architekturführer Marburg. Petersberg (Michael Imhof) 2002. S. 37, 49 ff.

53: Brüder Grimm: Kinder und Hausmärchen. München (Eugen Diederichs) 1996. Erster Band: Märchen Nr. 1–60. S. 34

53: Marita Metz-Becker: Hommage an Marburg. Poetische Impressionen durch drei Jahrhunderte. Marburg (Jonas) 2014. S. 15

45, 69: Ingeborg Schnack: Rainer Maria Rilkes Erinnerungen an Marburg und das hessische Land. Marburg (Elwert) 1951. S. 8, 11, 15, 23 f., 7

73-75: Peter Kurzeck:
- Peter Kurzeck erzählt. Unerwartet Marseille. 2 CDs, 120 Minuten. Frankfurt am Main und Basel (Stroemfeld) 2012. 1/02 Unerwartet Marseille. 2/08 Wie ich Schriftsteller wurde
- Peter Kurzeck liest aus Vorabend. 6 CDs. 355 Minuten. Frankfurt am Main und Basel (Stroemfeld) 2011. 5/07
- Ein Sommer, der bleibt. Peter Kurzeck erzählt das Dorf seiner Kindheit. 4 CDs, 290 Minuten. Berlin (supposé) 2007. 1/01 Das Dorf meiner Kindheit. 1/14 Baden an der Lahn. 2/01 Kalte Fleischwurst. 2/12 Die alten Leute im Dorf. 3/12 Am Hoftor
- Kein Frühling. Roman. Frankfurt am Main und Basel (Stroemfeld) 2007. S. 7

77, 127: Alemannia Judaica: Arbeitsgemeinschaft für die Erforschung der Geschichte der Juden im süddeutschen und angrenzenden Raum. www.alemannia-judaica.de

77: Friedhelm Häring/Christian Schubring: Das Oberhessische Museum der Stadt Gießen. Gießen (Magistrat) o. J. S. 9

79: Marcel Reich-Ranicki: Georg Büchner. Dichter meiner Jugend. In: Meine Geschichte der deutschen Literatur. München (DVA) 2014. S. 153

79: Georg Büchner: Der Hessische Landbote. In: Fritz Bergemann (Hrsg.): G. B. Werke und Briefe. Frankfurt am Main (Insel) 1982. Erster Band. S. 333–345. S. 334

79: Georg-Büchner-Preis 1991. www.deutscheakademie.de/de/auszeichnungen/georg-buechner-preis/wolf-biermann/dankrede

81: Cathérine Miville (Hrsg.): Das Stadttheater Gießen 1907–2007./Jo Straeten/Andrea Reidt/Arthur C. Intelmann: Betr. Errichtung eines Stadttheaters. Festschrift zum 75jährigen Bestehen. Gießen (Stadttheater) 2007, 1982

83: Justus Liebig: Chemische Briefe. Erster Brief. Leipzig und Heidelberg (C. F. Winter'sche Verlagsbuchhandlung) 1878 (6. Aufl.)

91: Hans-Georg Waldschmidt: Als die Polizei noch Isetta fuhr. Geschichten und Anekdoten aus Wetzlar. Gudensberg (Wartberg) 2009. S. 34

93: Wolfram Letzner: Die 50 bekanntesten archäologischen Stätten Deutschlands. Mainz (Nünnerich-Asmus) 2013. S. 138 f.

103: Irene Jung, Herbert H. G. Wolf: Wetzlar. Spaziergang durch die Stadt an der Lahn. Gudensberg (Wartberg) 2008. S. 8
105: Bernhard Diestelkamp: Das Reichskammergericht in der deutschen Geschichte./Georg Schmidt-von-Rhein: Das Reichskammergericht in Wetzlar. In: Lothar Keck/Gesellschaft für Reichskammergerichtsforschung (Hrsg.): Das Reichskammergerichtsmuseum Wetzlar. Wetzlar (Katalog) 1997. S. 8, 28, 32
105, 109, 163: Johann Wolfgang von Goethe: Dichtung und Wahrheit. Dritter Teil, 12. Buch. In: Erich Trunz (Hrsg.): Hamburger Ausgabe in 14 Bänden. München (C. H. Beck) 1981. Band 9: Autobiographische Schriften I. S. 530, 556 f./Die Leiden des jungen Werther. Band 6: Romane und Novellen I. S. 21./Band 14: Zeittafel. S. 395
107: Angela Bösl: Sammlung von Lemmers-Danforth in Wetzlar. Europäische Wohnkultur aus Renaissance und Barock. Petersberg (Michael Imhof) 2012. S. 5
107: Hans-Hermann Reck: Palais Papius in Wetzlar. Petersberg (Michael Imhof) 2012. S. 6
109: Hartmut Schmidt: Das Lottehaus in Wetzlar. Wetzlar (Magistrat) 1999. S. 10
111: Uwe Pernack: Das Jerusalemhaus in Wetzlar. Wetzlar (Magistrat) 2002. S. 9, 14
113: Michael Holzinger (Hrsg.): August Bebel: Aus meinem Leben. Drei Teile. Berlin (JHW Dietz Nachfolger) 1946. (Digitalisierte) Berliner Ausgabe 2013. S. 15
123, 125: Eckhard Olschewski: Schloss und Schlossgarten Weilburg/Lahn. Edition der Verwaltung der Staatlichen Schlösser und Gärten Hessen. Regensburg (Schnell und Steiner) 2001. S. 6, 43
127: Klaus-Dieter Alicke: Aus der Geschichte der jüdischen Gemeinden im deutschen Sprachraum. Gütersloh 2008. Internet-Fassung. www.jüdische-gemeinden.de
127: Ziele und Aktivitäten. Alter Friedhof. www.buergerinitiative-alt-weilburg.de
129: Hessen-Forst. Lebensraum Wald. www.hessen-forst.de/naturschutz-lebensraum-wald-2399.html
89, 139: Christian Krajewski: Bundeswasserstraße Lahn. Auszug aus dem Kompendium der Wasser- und Schifffahrtsdirektion Südwest./Günther Werner, Wasser- und Schifffahrtsamt Koblenz: Wasserstraßen Mosel und Lahn. Schifffahrtswege und Lebensräume. S. 38. Mainz und Koblenz (Wasser- und Schifffahrtsverwaltung des Bundes) 2007, 2012
145, 157: Volker Thies/Johannes Laubach: Entdeckungen im Limburger Land. Arbeit und Alltag im alten Hessen-Nassau. Frankfurt am Main (Societas) 2010. S. 27, 31, 46
151: Die Geschichte des Bistums Limburg. www.bistumlimburg.de
87: Arno Baumann/Bernd Geil/Hans-Jürgen Sarholz/Barbara Schröder: Die Lahntalbahn. Reihe Auf Schienen unterwegs. Erfurt (Sutton) 2008/2014. S. 7 f.
157: Sybil Gräfin Schönfeldt: Hoffen auf das Bessere. Stuttgart (sagas) 2013. S. 24
181: Otto Buchner: Die Lahn mit ihren Seitenthälern an der Quelle bis zum Rhein. Gießen (Emil Roth) 1891. S. 98
157: Fred Storto: Oranienstein. Barockschloß an der Lahn. Geschichte eines Stammschlosses des Niederländischen Königshauses. Koblenz (Görres) 1994
159: Klaus Eiler: Fürstin Henriette Amalie von Nassau-Diez und ihre Töchter. In: Friedhelm Jürgensmeier (Hrsg.): Nassau-Diez und die Niederlande. Dynastie und Oranierstadt in der Neuzeit. Wiesbaden (Historische Kommission für Nassau) 2012. S. 171–186. S. 178
161, 175: Simon Groenveld: Diez, die Niederlande und Leeuwarden (16. bis frühes 18. Jahrhundert). In: Jürgensmeier: S. 17–48. S. 24, 38 f.
171: Hans Fenske: Freiherr vom Stein – Reformer und Moralist. Darmstadt (Wissenschaftliche Buchgesellschaft) 2012. S. 37, 70
173: Petra Marx/Uwe Gast: Die Glasgemälde-Sammlung des Freiherrn vom Stein. Münster (LWL-Landesmuseum für Kunst und Kultur Münster, Westfälisches Landesmuseum) 2007
169, 177: Botho Strauß: Herkunft © 2015 Carl Hanser Verlag München. S. 8, 23, 87
177: Dominique Ghesquiere: Jacques Offenbach und Bad Ems. In: Peter Hawig (Übers. und Hrsg.): Bad Emser Hefte Nr. 352. S. 9 ff., 29/Andrea Schneider: 100 Jahre Kurtheater 1914-2014. 175 Jahre Marmorsaal 1839-2014. Bad Emser Hefte Nr. 396. S. 14 f. Berg (VBGD Verein für Geschichte, Denkmal- und Landschaftspflege e. V. Bad Ems) 2013
183: Jens Dolata: Nachbauten von Kleinkastell und Wachtturm in Pohl. In: Der Limes. Nachrichtenblatt der Deutschen Limeskommission 2/2012. Bad Homburg (Römerkastell Saalburg) 2012. Heft 1. S. 19
185: Hans-Günther Christ: Kölnische Löcher. In: Chronik des Bergbaudorfes Friedrichssegen. www.bergbaumuseum-friedrichssegen.de

Andrea Reidt
Vogelsberg und Wetterau
192 Seiten, 14 x 21 cm
Klappenbroschur
ISBN 978-3-8392-2631-5
€ 17,00 [D] / € 17,50 [A]

Vogelsberg und Wetterau: Hier steinige Anhöhen, tiefe Wälder, sprudelnde Bäche. Dort fruchtbare Ebene mit Auen, Äckern, Streuobstwiesen. Der Vogelsberg ist ein Outdoor-Eldorado: Ausritt, Skitour, Wassersport – alles möglich. Zudem gibt es idyllische Dörfer und Städtchen wie Schotten, Schlitz, Alsfeld oder Lauterbach zu erkunden. Die Wetterau präsentiert sich leicht mondän in der Kurstadt Bad Nauheim und baugeschichtlich spannend, etwa in der Festungsstadt Büdingen. Zu Schlössern, Burgen und Seen, auf Wander- und Radwege, auf Bauernhöfe und Märkte, in Museen und Wirtshäuser führt Sie Andrea Reidt in beiden Regionen.